Junger Dichter in bewegter Zeit

AF237645

Hermann Eimüller

Junger Dichter in bewegter Zeit

Oskar Maria Graf
zwischen 1916 und 1919

© 2021 Hermann Eimüller

Alle Rechte vorbehalten

Gestaltung und Satz:
Hermann Eimüller

Schrift:
Canapé Serif (Sebastian Nagel)

Lektorat:
Rositta Bingger

Verlag:
BoD · Books on Demand GmbH,
Überseering 33, 22297 Hamburg,
bod@bod.de

Druck:
Libri Plureos GmbH,
Friedensallee 273, 22763 Hamburg

ISBN: 978-3-7534-9673-3

Inhalt

Noch heute gibt es viele, die die Revolution von 1918 verleugnen wie einen Schandfleck der nationalen Geschichte. Aber die Revolution ist kein Schandfleck. Sie war – besonders nach vier Jahren Hunger und Ausblutung – eine Ruhmestat. Ein Schandfleck ist der Verrat, der an ihr verübt wurde.

Sebastian Haffner:
Die deutsche Revolution 1918/19

Leben wollte ich, leben! Sein wollte ich, nur sein, sonst nichts. –

Oskar Maria Graf:
Wir sind Gefangene

Rückblende Graf

Ein junger Mann, zweiundzwanzig Jahre zählend, kehrt in das zivile Leben zurück. Zumindest äußerlich scheint er unversehrt geblieben zu sein. Seltenheit in einem Krieg, der Europa seit beinahe zweieinhalb Jahren fest umklammert hält.

Die Altersgenossen des jungen Mannes vegetieren derweil im Morast der europaweit sich breitenden Schützengräben. Sie erfrieren in den Dolomiten. Sie ersaufen in Unterseebooten, deren dünnhäutiger Mantel von Torpedos durchbohrt wird. Sie krepieren an vielfältigen, geruchlos über die Schlachtfelder wabernden Giftgasen, während die in ihren Laboratorien unermüdlich nach immer noch brutaleren Todesmitteln Forschenden mit den Verdienstorden ihrer jeweiligen Vaterländer dekoriert werden.

Es sterben die Besten ihrer Zeit, mögen sie sich in Vorkriegszeiten als Kunstmaler oder Dichter betätigt haben. Eine ganze Generation geht zugrunde. All die Befehlshaber, die Kaiser, Könige, Präsidenten, Minister, Generale, durch die Bank älteren Semesters, mit Verschlagenheit und Brutalität gesegnet – sie sterben sanft. Zumeist werden sie den Krieg ohne ärgere Blessuren überstehen. Den Herren ergeht es bestens. Sie leiden keinen Hunger, keinen Durst. Sie sind mit wärmender Kleidung ausgestattet. Es fehlt ihnen an nichts.

Wer vorzeitig vom Krieg heimgekommen war, hatte Federn lassen müssen. Dem Einen fehlte ein Arm oder ein Bein, dem Anderen eine Hälfte des Gesichts. Der Eine wurde taub, der Andere blind. Und ein Dritter war irre geworden am Tohuwabohu auf den Schlachtfeldern.

Der junge Mann, von dem im Folgenden zu berichten ist, hatte sich seine Rückkehr in das zivile

Leben unter Mühen erkämpft. Der Kampf hätte ihn sein lächerlich kleines Leben kosten können. So manch einer endete Knall auf Fall als Verräter am jeweiligen Vaterland.

Nun war Oskar Graf, ein gelernter Bäcker, der einfühlsame Lyrik dichtete und am Gedankengut der Anarchisten Gefallen gefunden hatte, von seinem Dienst beim verhassten Militär entbunden. Für immer. Nie mehr müsste er den Befehlen verblödeter Offiziere und Unteroffiziere gehorchen, hinter deren Dauergeplärr letztendlich nur eine Unperson stand: sein Bruder Max, ihm um zwölf Altersjahre voraus, Erbe eines florierenden Bäckerei- und Konditoreibetriebs am Ostufer des Starnberger Sees.

Vom wilhelminischen Korpsgeist berauscht, war Max nach Verrichtung des obligatorischen Militärdienstes zur heimatlichen Backstube heimgekehrt, um zum Tyrannen über Eltern, Geschwister und Gesellen zu werden. Den unternehmerisch impulsiven Vater trieb er zu Resignation, Isolation und Trunksucht. Die jüngeren, bereits erwachsenen Brüder vertrieb er in die Fremde.

Am 28. Mai 1915 fand der Unteroffizier Max Graf dann sein Ende. Nichts Neues im Westen. Vielmehr der banale Alltag an der Front. Zuvor hatte er das Angebot auf Heimaturlaub ausgeschlagen. Schließlich galt es, der Pflicht für das Vaterland zu genügen. Nun waren vier Kugeln zielsicher zum Rückenmark vorgedrungen. Der Gefallene hinterließ Frau und drei Kinder. Die *dankbare Pfarrgemeinde* widmete ihrem tapferen Sohn eine knappe Zeile innerhalb einer langen Liste auf dem Kriegerdenkmal: Name, Sterbedatum, Eisernes Kreuz, in grauen Stein gehauen.

Oskar empfand keine Trauer für den Gefallenen. Zu gewaltig waren die seelischen Verwerfungen.

Noch immer schmerzten die brüderlichen Prügel. Es stimmte ihn froh, des unguten Bruders ledig zu sein. Wegen seiner Hiebe hatte er das heimatliche Dorf, hatte er die geliebte Mutter verlassen müssen, um in der Großstadt München sein zweifelhaftes Glück zu suchen. In bitteren Briefzeilen gab er der Befreiung Ausdruck:

Diejenigen, die so sind wie er, haben auch diesen sinnlosen Krieg über uns gebracht. Sie bringen immer Krieg, und in jeder Form! Und sie glauben, es wäre Größe!

Liebe Mutter, liebe Schwestern, verargt es mir nicht. Ich muß sagen, ich bin fast froh, daß der Maxl tot ist.

Die Mutter, mit einer ehrlichen, bodenständigen Frömmigkeit ausgestattet, suchte das offensichtlich gefährdete Seelenheil ihres Jüngsten zu retten. Sie ließ in aller Stille eine Heilige Messe für ihn lesen.

Ein knappes Jahr zuvor, am 28. Juni 1914, hatte Erzherzog Franz Ferdinand von Österreich-Este, Thronfolger im fragilen österreichisch-ungarischen Staatsgefüge, dem bosnischen Sarajevo einen Besuch abgestattet. Die Fahrt im offenen Automobil sollte Nähe zu den schwierigen Untertanen signalisieren. Unter den Schaulustigen befand sich Gavrilo Princip aus dem benachbarten Serbien. Neben ihm lauerten weitere Landsmänner vor Ort, Terroristen, mit Sprengstoff und Schusswaffen ausgerüstet. Princip feuerte auf den Erzherzog und dessen Gattin. Das Attentat löschte in böser Ironie den prominentesten Verfechter einer halbwegs moderaten Balkanpolitik aus.

Einen Monat später erfolgte die Kriegserklärung Österreich-Ungarns an das serbische Königreich. Dessen Bündnispartner Russland fühlte sich veranlasst, seine Streitkräfte zu mobilisieren. Zielstrebig wurde auf die Katastrophe zugesteuert: Die gegenseitige Zuweisung von Schuld. Propagandageschrei. Das Spiel mit der taktischen Lüge.

Kaiser gegen Zar und König. Willy bekämpfte seine Cousins, den russischen Nicky und den britischen George. Am 1. August erklärte Deutschland erst Russland und zwei Tage später Frankreich den Krieg. Nichts sollte den zügigen Marsch dorthin versperren. Also besetzten kaiserliche Truppen die neutralen Staaten Belgien und Luxemburg.

Es wehten die heimischen Fahnen und die ihrer Verbündeten. Mit den Schildern französisch oder balkanisch klingender Restaurants und Kaffeehäuser wurden deren Interieurs zu Kleinholz verarbeitet. Jubelnd, *blumengeschmückt, von Frauen und Kindern begleitet*, zogen die Soldaten in Richtung Front. Binnen weniger Wochen würde der Krieg eh wieder siegreiche Vergangenheit sein.

Jubel beherrschte auch die Intellektuellen, ob sie nun Thomas Mann, Ludwig Thoma, Ludwig Ganghofer hießen. Der Kaiser kannte keine Parteien mehr, sondern nur noch Deutsche. Die Autoren und Zeichner des *Simplicissimus* folgten willig den Parolen ihres obersten Kriegsherrn. Sie, die mit Kritik bislang selten gespart und für ihre liberale Haltung sogar im Knast gesessen hatten, rüsteten sich zu treffsicheren Waffen im Dienst der Propaganda auf.

Lena Christ, Verfasserin der eindrücklichen *Erinnerungen einer Überflüssigen*, brachte sich mit *Unsere Bayern anno 14* in die männlich dominierte Kriegsliteratur mit ein. Zwei weitere Bände folgten dem erfolgreichen ersten. Der bayerische König ließ es sich nicht nehmen, die Autorin mit seinem Ordenskreuz zu schmücken.

Menschen wie Heinrich Mann, die sich dem kollektiven Wahn entzogen, waren eher die Ausnahme. Der Vorabdruck seines satirischen Romans *Der Untertan* in der Münchner Wochenschrift *Zeit im Bild* wurde folgerichtig mit dem 13. August abgebrochen. Kritik am System war in diesen Zeiten unangebracht.

Bevor ihn die Zensur zum Schweigen bringen konnte und um das eigene Leben fürchtend, stellte Erich Mühsam das Erscheinen von *Kain*, seiner anarchistischen *Zeitschrift für Menschlichkeit* ein.

Oskar Graf fand sich in der Montur des Königlich Bayerischen Eisenbahnbataillons wieder. Mit der Betreuung von Pferden und dem Ordonnanzdienst bei Offizieren hatte ihn das Schicksal vergleichsweise milde getroffen.

Vergebens suchte man ihn mit der Mechanik eines Karabiners vertraut zu machen. Dass er während der Lehrlingszeit vom Bruder Lenz im Umgang mit dem Wildererstutzen unterwiesen worden war, brauchte ja keiner der Uniformierten zu wissen.

Mit einer Fotopostkarte, die ihn uniformiert, mit Pickelhaube und umgeschnalltem Säbel darstellte, beglückte er seine Geschwister in Berg. Das groteske Porträt ergänzte er um die Prophezeiung: *Bald wird das blöde Gesicht wieder auf der Bildfläche erscheinen. Gruß Graf.*

Beim Marschieren blieb Oskar stets außerhalb des gleichen Schritts. Als unabhängig denkendes Individuum konnte er den monotonen Übungen auf dem Exerzierplatz nur ein Lachen abgewinnen. Mit wiederholten Arresten, dem Einsatz zu Küchen- und Putzdiensten, suchte man dem Verstockten in Sachen Disziplin nachzuhelfen. Als ehrenwerter Bruder von Jaroslav Hašeks bravem Soldaten Švejk blieb er dem Starrsinn treu. Graf fühlte sich dem Militär nicht zugehörig. Sein ungehöriges Lachen war das eines Außenstehenden.

Noch dem letzten seiner Erinnerungsbücher wird er den Titel *Gelächter von außen* geben.

Zu allem Überfluss befanden sich unter den Kameraden solch ungute Vorbilder wie der vom militärischen Getriebe um sich herum unbeeindruckte Zuhälter Johann Otto Schönleber aus Wien. Trotz einer untergeordneten Funktion als Offiziersfahrer gelang es diesem, das gewohnt kommode Wiener Vorkriegsleben fortzuführen – dank der üppigen Liebesgaben seiner Damen. An seiner stilvoll zelebrierten Jause mit bestem Kaffee, Gebäck und Zigarren ließ er die Kameraden wie selbstverständlich teilhaben: Eine Oase der Friedfertigkeit inmitten des Kriegsgetümmels. Mit der Erzählung *Der unentwegte Zivilist* hat Graf dem Menschenfreund ein bleibendes Denkmal gesetzt und ganz nebenbei ein hintersinniges Lehrstück zum Thema Pazifismus gestaltet. Den Genossen Hašek, Kisch und Brecht hätte die Geschichte behagt.

Bald schon regten sich erste Zweifel am geistigen Befinden des Trainsoldaten. Die Situation eskalierte mit dem Befehl, ein totes Pferd abzuhäuten. Graf verweigerte sich der gestellten Aufgabe. Statt dessen begrub er mit Hilfe zweier russischer Kriegsgefangener den Kadaver, nicht ohne ihm zuvor den Schädel und die Beine abgehackt zu haben.

Grafs Zustand war als bedenklich einzustufen. Zunächst wurde er der brandenburgischen Landesirrenanstalt Görden übergeben. Dort suchte man seiner Verstocktheit, nebst periodisch ausbrechenden Aggressionen – hinter denen die behandelnden Ärzte nichts weiter als billige Simulation erkannten – mit einer bewährten Folter der therapeutischen Art Herr zu werden. Nach Verabreichung einer Beruhigungsspritze wurde der

Patient entkleidet und in das Dauerbad, eine mit heißem Wasser gefüllte Wanne gesteckt. Wollte er in einem unkontrollierten Drang nach Freiheit diesen Ort verlassen, so stießen ihn die stets präsenten Pfleger sofort wieder in das Wasser zurück. Selbst das Mittagessen war in diesem Gefängnis einzunehmen.

Ab da gab Oskar kein einziges Wort mehr von sich. Als er in das heimatnahe Haar verlegt wurde, schwieg er dessen Anstaltspersonal beharrlich an. Selbst die Mutter bekam nur wenige, stotternde Laute zu hören. *Hysterie* gab die Krankenakte zu Protokoll.

Später durfte der Patient wiederholt nach Hause, um bei der Ernte zu helfen. Als *Gnadenurlaub* bezeichnete Oskar diese Auszeiten, bei denen er sich weiterhin unter Beobachtung befand. Die fürsorgliche Anstalt holte Erkundigungen über das Verhalten ihres Patienten ein: *Nach Angabe der Mutter fleißig und ordentlich während des Urlaubs. Berichtet, daß er öfters die Nacht zu Hilfe genommen habe, um zu schreiben. Bildet sich ein, die ganze Menschheit hassen zu müssen.*

Ein Zeitgenosse, Student der Philosophie und der Rechtswissenschaft, war als Freiwilliger beim 1. Königlich Bayerischen Fußartillerie-Regiment eingerückt. Ernst Toller wurde an die Front geschickt. Dreizehn Monate verbrachte er inmitten der Hölle von Verdun:

Krachend und pfeifend, mit vielfachem Echo, explodieren Granaten und Schrappnells. Wir stolpern über Baumstümpfe, wir springen von Granatloch zu Granatloch, in Wassertümpel, in Schlamm. Gelbfeuriges Licht der Geschosse umflammt die Stämme, wir schauen nie nach dem Himmel, wir wissen nicht, ob Sterne uns leuchten, oder die Finsternis wie ein schwarzer Sack über uns hängt, endlich fin-

den wir den Laufgraben, und die Augen lösen sich
von der Erde.

Trotz seines Einsatzes in den vordersten Schützengräben überlebte Toller. Dann hatte der Unteroffizier genug. Er verweigerte den Dienst. Seine
Tage in der Psychiatrie genügten, um ihn lernen
zu lassen, *daß es zwei Arten Kranke gibt, die harmlosen liegen in vergitterten klinkenlosen Stuben
und heißen Irre, die gefährlichen weisen nach, daß
Hunger ein Volk erzieht und gründen Bünde zur
Niederwerfung Englands, sie dürfen die harmlosen
einsperren.*

Dotschnwinter

Nach dem Tod des Prinzregenten Luitpold war dessen Amt am 12. Dezember 1912 auf den ältesten Sohn Ludwig übergegangen. Aufgrund einer Verfassungsänderung konnte er zum König der Bayern ernannt werden, obschon es zumindest nominell längst ein Staatsoberhaupt gab: Otto, der jüngere Bruder des Märchenkönigs. Doch der war wegen einer Geisteskrankheit seit Jahrzehnten und bis zu seinem Tod am 11. Oktober 1916 hinter den Gittern des Schlosses Fürstenried interniert.

Ludwigs Passion gilt der Landwirtschaft, was ihm den Spitznamen *Millibauer* einträgt. Seine Gattin wird nicht minder respektlos *Topfenresl* gerufen. Ludwig sorgt für eine Ansiedlung des Rüstungsgiganten Krupp in Bayern, was einen Zuzug von Fachkräften aus dem Norden nach sich führt, die ihren eigenen Willen zu äußern wissen und den Konflikt mit Obrigkeiten nicht scheuen.

Im Falle eines deutschen Sieges hätte Ludwig sein Königreich gerne um das schöne Elsass erweitert. Der Kriegsverlauf lässt es beim bloßen Wünschen bleiben. Als Oberster Feldherr des Bayernheeres hat der König wenig zu melden. Die Befehle werden einzig durch die Oberste Heeresleitung mit ihren Protagonisten Ludendorff und Hindenburg erteilt. Ludwigs Untertanen sehen ihre Soldaten als Kanonenfutter für Preußens Glanz und Gloria missbraucht.

Embargomaßnahmen der Entente in Form von Seeblockaden bringen den Warenimport, immerhin zwanzig Prozent der Lebensmittel, weitgehend zum Erliegen.

Der Winter von 1916 auf 1917 stürzt die deutsche Bevölkerung in existenzielle Not. Vorausgegangen war eine Missernte. Der Kartoffelertrag schwindet um die Hälfte. Es misslingt, den Verlust durch Zukäufe bei neutralen Staaten zu kompensieren. Hinzu kommt ein weiteres Problem: Die Eisenbahn gewährleistet in erster Linie den Transport von Soldaten und Material an die Front. Lebensmittel für die Zivilbevölkerung haben zurückzustehen.

Ab da wird die bayerische *Dotschn*, im übrigen Deutschland als Kohl- bzw. Steckrübe bekannt, zum universellen Grundnahrungsmittel auserkoren: *Sie ist zwar wasserreicher als die Kartoffel, hat aber den Vorteil, daß sie sich bequemer zubereiten läßt, weniger kostet, auch durch Frost nicht leidet und in großer Menge beschafft werden kann. Überall wo die Kartoffelversorgung Schwierigkeiten bietet, sollte man deshalb zur Kohlrübe greifen, und zwar ist die Verwendung im Herbst und Winter zu empfehlen, da sie im Frühjahr mehr zum Verderben neigt.* Eigens kreierte Kochbücher sollen das Gemüse schmackhaft machen. Doch mangelt es ihm entschieden an den zur Lebenserhaltung nötigen Kalorien. Kein Ersatz für die Kartoffel, die die knapp bemessenen Brotrationen auszugleichen half.

Will man der allgegenwärtigen Propaganda glauben, so scheint der Sieg mit Händen greifbar zu sein. Das Volk darbt im Vertrauen auf seine begnadete und darum unfehlbare Heeresführung.

Wer statt künstlich hergestelltem Süßstoff natürlichen Zucker, wer statt der täglichen Brühe aus Malz, Eicheln oder Bucheckern wenigstens beim Sonntagsfrühstück Bohnenkaffee genießen will, wen es nach Eiern, fetten Würsten, einer Portion Fleisch gar gelüstet, hat vor den Ladengeschäften der Städte stundenlang Schlange zu stehen. Die tüchtige Hausfrau wartet zumeist vergebens. Sie bekommt eh nur das, was ihr durch die

Lebensmittelkarte in verwaltungsgerecht knappen Portionen zugeteilt wird: Normalerweise sind das 1380,4 Kalorien pro Tag. Für den raschen Tod noch zu viel. Für ein erträgliches Leben entschieden zu wenig. Selbst der Ärztliche Beirat der Stadt München für Lebensmittelangelegenheiten schließt aus, *daß ein gesunder Mensch bei diesen knappen Ernährungsmengen arbeitsfähig bleibt und ... auf die Dauer eine Schädigung der Gesundheit vermieden wird.*

Da bleibt nur Eines: Der Städter schnürt seinen Rucksack, um ihn bei Hamstertouren zu den Dörfern mit einigem Glück zu füllen. Und selbst dann kann es immer noch geschehen, dass die bereits sicher geglaubte Beute durch eine Polizeistreife zum Wohle des Staates konfisziert wird.

Für die kostspielige Erfüllung von Sonderwünschen gilt es, den Schwarzhändler seines Vertrauens zu kontaktieren. Von dieser Spezies wird später noch zu berichten sein.

Da die Kohle der nimmersatten Rüstungsindustrie zugutekommt, füttert der Normalverbraucher seinen Ofen mit Tannenzapfen. Als Tabakersatz dient getrocknetes Buchenlaub oder Kartoffelkraut. Mit einem Anteil von 30 Prozent Kartoffelmehl gelangt das sogenannte *K-Brot* auf den Markt. Nach der Kartoffelmissernte dienen als Brotzutaten: Mais, Bohnen, Erbsen und zuletzt sogar Holzmehl. Milch und Bier werden tüchtig mit Wasser verdünnt.

Bereits im Oktober 1915 tönte durch Berlin der erste Ruf nach *Frieden und Brot.* Es gab erste Unruhen und Plünderungen. Steine flogen in Schaufenster und gegen knüppelnde Polizisten: *Allgemein wurde von den Frauen geäußert, dass dieses nur der Anfang sei und sie sich lieber totschlagen lassen wollen als verhungern.*

Im Juni 1916 ist der Unmut bis nach München vorgedrungen: Demonstranten haben sich auf dem Marienplatz eingefunden, um gegen die allgegenwärtige Mangelwirtschaft zu demonstrieren. Kaffeehausgäste bewerfen sie mit Brotresten, schütten Wasser auf die Renitenten. Die Angegriffenen reagieren mit Steinen und Blumenstöcken. Erich Mühsam beobachtet die Lage vor Ort: *Wir standen indessen vor dem Westflügel des Rathauses, wo ebenfalls hin und wieder eine Scheibe klirrte. Plötzlich ein wildes Geschrei, Frauengezeter, wildes Durcheinanderrennen. Die Polizisten hatten blank gezogen und ritten jetzt, nach allen Seiten schlagend, über den Platz. Man hörte Schreie von Verwundeten, namenlose Wutäußerungen: Pfui! Sauhunde! Preußenknechte! Helden! Auf Weiber und Kinder habt ihr Mut! Pfui! Pfui!*

Die Polizisten verfolgen die Fliehenden bis weit in die Neuhauserstraße hinein. Für Mühsam sind die aktuellen Vorfälle *nur der erste Schritt auf dem Wege entschlossener Selbsthilfe ... Gegen den bewußten und systematischen Widerstand des Volks kann keine Regierung lange bestehn. Außerdem bezweifle ich, ob sich eine Armee lange vor dem Feinde halten läßt, die es – trotz allen Verheimlichungen – ja doch erfahren muß, daß die Ihrigen daheim den wahren Feinden den Krieg erklären.*

Vom Oskar zum Oskar Maria

Am 9. Dezember 1916 hält Oskar Graf die Bescheinigung seiner *Dienstunfähigkeit* in Händen. Das
heimatliche Dorf sieht den Heimkehrer äußerst
ungern. Schließlich opfern dessen Altersgenossen,
die Freunde von der Schulbank und vom Indianerspiel an den Hängen oberhalb des Starnberger
Sees, sich an der Front auf, während es ausgerechnet diesem närrischen Drückeberger vergönnt ist,
sein nichtsnutziges Leben unbeschadet fortzuführen.

Graf geht wieder nach München. Er bezieht ein
Zimmer zur Untermiete und findet einen Job im
Unternehmen des christlich-konservativen Landtagsabgeordneten Karl Scharnagl, vor dem noch
eine beachtliche politische Karriere liegt: Von 1924
bis 1933 und wiederum ab dem Mai 1945 wird er
als Münchner Oberbürgermeister amtieren. Scharnagl hatte sich auf die Herstellung von Keksen
spezialisiert. Mit diesem Produkt versorgt er die
zahlreichen Lazarette zwischen Front und Heimat.
Ein für den Fortgang des Krieges bedeutsamer
Betrieb, der dem Bäckermeister Ansehen und Vermögen beschert.

Ein Arbeitstag von zwölfeinhalb Stunden, bei
einer Mittagspause von zwei Stunden, ist der Normalfall. Graf verbringt diese Zeit in *schmutzigen,
engen, sehr heißen Kellerräumen.* Zur Weihnachtszeit, wenn neben den gewöhnlichen Produkten
Lebkuchen zu backen sind, hat er Überstunden
zu leisten. *Alles glitschte von Sirup und Teig. Die
Augen taten einem weh von dem durchdringenden
Ammoniumgestank.* Ständig von der kühlen Mehlkammer zum Raum mit den Backöfen wechselnd,
beim Schleppen von Teigkübeln und dem Hantieren an unermüdlich ratternden Maschinen, zer

fließt der Tag. *Die dicken Schweißtropfen rannen aus dem Haar über die Stirn und in die Augen, von den Backen und von der Nase in den Mund, von den Schultern auf die Brust und in den Teig, von den aufgeriebenen Achselhöhlen über die Hüften, die Beine abwärts in die heißen Schuhe. Jetzt war man selber Teig. Jetzt aber war man in der Gleichförmigkeit der Bewegung. Mechanisch schuftete man.*

Grafs Antrieb für das Erschaffen literarischer Werke schwindet auf Null. Die am Feierabend verbleibende Kraft reicht gerade noch zum Entkleiden und einem viel zu kurz bemessenen Schlaf. Aus Scharnagls Vorräten zweigt er Lebensmittel für den Eigenbedarf ab. Ohne Gewissensbisse: *Ich verdiente gut und stahl – wie das alle taten – Keks, Fett, Eier, Mehl und Zucker und hatte keinen Mangel.*

Zur selben Zeit wächst die Sehnsucht nach einem Dasein, das der Poesie den nötigen Freiraum gewährt. Ein windiger Bekannter, Hobrecker heißt der, den Graf von Haar her kennt, überlässt ihm eine Liste von Personen, die auf das Schreiben eines leidgeprüften Kriegsteilnehmers in der Regel spendabel reagieren.

Die Gier nach Geld, nur um des sinnfreien Verprassens willen, führt zu einem dubiosen Subjekt, das willens ist, ohne größere Umstände Kredit zu gewähren – von der Einbehaltung einer fetten Provision und gegen Grafs Pflichterbteil als Sicherheit einmal abgesehen. Was die versprochenen 2000 Mark auf magere 1400 Mark schrumpfen lässt. In Begleitung der Schwester Nanndl werden Kleidungsstücke und Accessoires erworben, die einem Herrn von Welt zu Gesicht stehen, nicht aber dem Hilfsarbeiter in einer Keksfabrik.

Die Wiederbegegnung mit Georg Schrimpf, dem Kameraden aus anarchistischen Vorkriegszeiten, erweist sich als folgenschwer. Schrimpf, der kurz vor der Hochzeit mit der als Künstlerin vielversprechenden Maria Uhden steht, hat noch eine Beziehungsaltlast am Hals, die er verständlicherweise loswerden will. Da trifft es sich bestens, dass die Beziehungsaltlast näheren Kontakt zu Oskar sucht. In der 1927 erschienenen Lebensbeichte *Wir sind Gefangene* wird die Dame unter dem Decknamen *Selma Igl* eingeführt. Im realen Leben heißt sie Karoline Bretting und schafft als Buchhalterin in einem Grabsteingeschäft.

Sei es Dummheit, sei es *wegen einer Viertelstunde Mitleid*: Graf nimmt die um fünf Jahre ältere Karoline am 26. Mai 1917 zur Frau. Das Ehepaar bezieht eine gemeinsame Atelierwohnung im nördlichen Bereich der Maxvorstadt: Schraudolphstraße 36. Grafs erster Adressbucheintrag enthält einen wichtigen Zusatz: die Berufsbezeichnung *Schriftst*. Seine Ehe bezeichnet der Gatte als *unglücklich von Anfang bis zu Ende*. Bald schon ist Karoline schwanger.

Seiner misslichen Situation entflieht Graf, so oft es geht: *Außer Kunsthonig, Rübenmarmelade, schlechtem Brot und irgendwelchen Ersatzlebensmitteln gab es nichts mehr, Heizmaterial schon gar nicht. Ich dichtete unentwegt, streunte herum, verhockte in der leicht angewärmten Staatsbibliothek oder in der Bahnhofshalle einige Stunden ...*

Neben der Brotarbeit versucht sich Oskar als Literaturkritiker der *Münchner Neuesten Nachrichten* und der *München-Augsburger Abendzeitung*. Eine Lektüre der Bücher erspart er sich. Zumal einen die Verlage mit informativem Werbematerial versorgen. Dumm nur, wenn die Flüchtigkeit Dichter im besten Mannesalter zu ehrwürdigen Greisen verwandelt. So geschehen beim Autor Albrecht Schaeffer, den Graf mit dem weitaus älteren Wilhelm Schäfer verwechselt. Da hat es sich dann umgehend ausrezensiert.

Der Beitrag des akademischen Kunstmalers Oskar Graf zum Gelingen des Kriegs besteht im Erstellen heroischer Bildwerke, innerhalb derer er die deutschen Ruhmestaten auf den Schlachtfeldern feiert. Als er bei der morgendlichen Zeitungslektüre das erzählerische Machwerk eines Individuums entdeckt, das ausgerechnet mit seinem eigenen, allseits respektierten Namen versehen ist, schrillen die Alarmglocken. Der akademische, in militärischen Diensten befindliche Maler hatte sich verpflichtet, nichts ohne die Genehmigung seiner Oberen veröffentlichen zu wollen. Nun sieht er erhebliche Schwierigkeiten auf sich zukommen. Der gute Ruf könnte nachhaltige Beschädigung erfahren.

Oskar Graf, ein Mann von Format, kontaktiert den anderen Graf. Anstatt sich in kleinkarierte Streitigkeiten zu verzetteln, treffen die Herren ein beidseitig nützliches Arrangement. Für 500 Mark auf die Hand wird aus dem Dichter ein vom akademischen Kunstmaler klar unterscheidbarer und die geografische Abkunft betonender Oskar Graf-Berg. Mit echtem Bohnenkaffee und Cognac begießen die Grafs ihre Übereinkunft.

In einem Brainstorming mit dem Malerfreund Jakob Carlo Holzer fahndet Graf nach einem besseren und klangvolleren Namen. Über einen musikalischen Oskar Amadeus gelangt man zum Brückenheiligen Oskar Nepomuk. Am Ende der Debatte raunt man sich ein wohltönendes, an den Stundenbuchlyriker Rilke gemahnendes Oskar *Maria* zu.

Trotz chronischer Finanzknappheit nimmt Graf die Herausgabe eines eigenen Blattes in Angriff: *Neuland – Eine Zeitschrift für bekennende*

Literatur. Graf begibt sich auf die Suche nach *jungen, begabten Mitarbeitern.* Franz Jung, Kumpan aus der anarchistischen Vorkriegszeit, reagiert auf das Ansinnen mit der brüsken Ablehnung des notorischen Rebellen. Thomas Mann hingegen, als Starautor mit derlei Anfragen zur Genüge vertraut, wünscht *viel Erfolg.* Das klingt wohlmeinend und verpflichtet zu nichts, weder zu literarischen Beiträgen, geschweige denn zu einer Unterstützung finanzieller Natur.

Bald stapeln sich die eingesandten Manuskripte. Da Graf von seinem Finanzier Hobrecker im Stich gelassen wird, bleibt *Neuland* ein Traumgespinst. Kein einziges Heft wird je ans Licht der Öffentlichkeit gelangen.

Ein Rotkreuzfunktionär mit literarischem Interesse und um Graf ehrlich bemüht, knüpft den Kontakt zu Professor Roman Woerner (1863–1945). Woerner lehrt in München Literaturwissenschaft, hat Sophokles übersetzt und über Ibsen geschrieben. Graf wird für die Dauer einiger Monate als Stipendiat angenommen. Der eigentlich vorgesehene Günstling hat sich an die Front abgemeldet.

Als das Stipendium endet, lässt Woerner seinen Schützling nicht hängen. Mit Rat und Tat wird er ihn weiter begleiten. Er rät ihm, als Gasthörer Vorlesungen zu besuchen. Darüber hinaus aktiviert er seine Exgattin Hertha Koenig (1884–1976) als neue Sponsorin. Graf wird fortan mit einer stattlichen Summe von monatlich 200 Mark unterstützt.

Die vermögende und als Autorin erfolgreiche Westfälin kann Werke bei S. Fischer und im Insel-Verlag vorweisen. Mit Rainer Maria Rilke pflegt sie einen intensiven geistigen Austausch. Beide teilen eine stille Zuneigung für das kommende Jahrhundertgenie Pablo Picasso. Ein Gemälde des

Malers in Koenigs Münchner Wohnung – *Les Saltimbanques* (Die Gaukler) – inspiriert Rilke zur fünften seiner *Duineser Elegien*.

Mit dem Zyklus *Worte an den Einen – Versuche*, dessen Typoskript auf den Juli 1921 datiert ist und aus neun schwerlastigen, an Nietzsches *Zarathustra* erinnernden Gedichten besteht, wird Graf im Nachhinein auf seinen ersten Förderer verweisen: *Für Roman Woerner als Dank und Hoffnung.*

Beziehungschaos und Schwarzhandel

Der alltägliche Versorgungsengpass betrifft nicht nur das Deutsche Reich mit seinen Verbündeten. Weit mehr leidet das russische Volk. Die Industriearbeiter begehren auf. Sie stoppen die Maschinen, lassen sich nicht länger durch Knuten und Gewehre niederhalten.

Am 15. März 1917 ist Zar Nikolaus II. gezwungen, auf seinen Thron zu verzichten. Die Romanows werden unter Hausarrest gestellt.

Ausgerechnet von deutscher Seite erfährt ein russischer Rebell entscheidende Hilfe. Wladimir Iljitsch Uljanow, der mit dem Kampfnamen Lenin zeichnet, arbeitet von Zürich aus auf eine Neuordnung Russlands nach seinem Gusto hin. Eine Instabilisierung des Feindes im Osten kann dem Deutschen Reich nur recht sein. Also sorgt das Auswärtige Amt für einen diskreten Transfer Lenins und seiner Genossen in die Heimat.

Am 9. April 1917 begibt sich die Reisegruppe auf eine Bahnfahrt quer durch das Deutsche Reich. Die reservierten Abteile gelten als exterritoriales Gebiet. Ausweis- und Gepäckkontrollen unterbleiben. Zwischenstopps sind nicht vorgesehen. Am Hafen Sassnitz auf der Insel Rügen steigt die Reisegruppe um. Ein Schiff transportiert sie weiter nach Schweden. Den Aufenthalt in Stockholm nutzt Lenin für den Kauf neuer Schuhe.

Über das russisch verwaltete Finnland wird letztendlich Sankt Petersburg erreicht, das seit Kriegsbeginn in Petrograd umbenannt ist. Ein vielköpfiges Empfangskomitee aus Matrosen und jubelnder Arbeiterschaft eskortiert die Ankommenden zur Zentrale der Bolschewiki.

Die Gruppierung Lenins, anfangs nichts weiter als eine lokale Größe im Bereich der Hauptstadt, erledigt binnen kürzester Zeit die Bürgerlichen, die Menschewiki. Bei Nacht und Nebel werden die Romanows liquidiert, vom Zar bis hin zum kleinen, unschuldigen Kind.

Auf Vermittlung des anarchistischen Vorkriegskameraden Franz Jung strandet ein Deserteur bei Schrimpf, der sich mit dem Namen Pegu vorstellt. Pegu – eigentlich Paul Guttfeld – weiß um ein Dokument, das in sozialistisch-pazifistischen Kreisen kursiert und dessen Inhalt intensiv diskutiert wird. Fürst Karl Max von Lichnowsky, deutscher Botschafter im London des Jahres 1914, hatte seinem Heimatland ein besonnenes Handeln bei den aus dem Ruder laufenden Konflikten angeraten. Lichnowskys für interne Zwecke gedachter Bericht war ohne Genehmigung seines Urhebers in der Schweiz veröffentlicht worden.

Graf bedient die Schreibmaschine. Pegu diktiert ihm markante Abschnitte aus der Schrift. Eine griffige Broschüre soll entstehen, die das gemeine Volk wissen lässt, welch folgenschwerer Politik es auf den Leim gegangen war.

Der Drucker erweist sich als aufrechter Patriot. Als Graf und Pegu sich bei ihm einfinden, um die voraussichtlichen Kosten zu besprechen, werden sie bereits von der Kriminalpolizei erwartet:

Am 27.1.1918 brachte der Schriftsteller und frühere Bäcker Oskar Graf, geboren am 22.7.1894 zu Berg, Bez.Amt Starnberg, bayerischer Staatsangehöriger, wohnhaft Schraudolphstr. 36/IV hier, im Auftrage des Kaufmanns Paul Guttfeld, ledig, mosaisch, geboren am 16.1.1893 zu Berlin, preußischer Staatsangehöriger, in die Druckerei von Mannzmann und Co., Theresienstr. 49/O R.G., ein Manuskript der sogenannten Lichnowsky-Dokumente zur Aufstellung einer Kostenrechnung für Anfertigung von 5000 bzw. 10 000 Broschüren. Es handelte sich um

Bruchstücke aus einem Tagebuch des früheren deutschen Gesandten in London Fürsten Lichnowsky, in denen die Tätigkeit des Auswärtigen Amtes in Berlin abfällig beurteilt und die Schuld am Bruche mit England der deutschen Regierung zugeschoben wird. Die Broschüre in der beabsichtigten großen Auflage sollte zweifellos zu Agitationszwecken bei dem in Aussicht genommenen Massenstreik und zur Aufhetzung der Bevölkerung gegen die Regierung hergestellt und verbreitet werden. Zum Druck der Broschüre kam es nicht.

Die Aufwiegler landen hinter Gittern. Vor der Polizei mimt Graf den naiven Bauernburschen vom Oberland, dessen Handeln von nichts anderem als römisch-katholischer Mitmenschlichkeit geprägt ist. Nach vierzehn Tagen ist er wieder ein freier Mann. Der Deserteur Pegu hingegen wird einem Berliner Militärgefängnis übergeben. Es wird einige Monate dauern, bis er wieder auf freien Fuß kommt.

Nachdem der baldige Vater von der Schreiberei in keinster Weise leben kann, die monotone Arbeit in Scharnagls Backfabrik nur lähmt, entdeckt Graf einen weit angenehmeren Broterwerb für sich. Im Hauptpostamt sortiert er Briefe vor.

Bei seinen nächtlichen Streifzügen lernt er die Sängerin und Tänzerin Marietta di Monaco (Maria Kirndörfer) kennen. Der Verehrer an ihrer Seite stammt aus den Niederlanden, heißt Anthony van Hoboken und wohnt seit 1913 in München. Hoboken (1887–1983), Spross einer Kaufmanns- und Reederfamilie, verfügt über soviel flüssiges Geld, dass er trotz der allgemeinen Versorgungsnot eine Nymphenburger Villa bewohnen kann. In späteren Jahren widmet er sich dem musikalischen Schaffen Joseph Haydns und erstellt ein detailliertes Verzeichnis seiner Werke.

Graf wird mit speziellen Besorgungen betraut. In Kürze avanciert er zum gerissenen Schwarzhändler, der ein umfangreiches Sortiment vorweisen kann. Bereits bei der Hauptpost hatte Graf eine Art Crashkurs für seine Aufgabe absolvieren können. Graf beobachtete, wie zwischen den Aborttüren Waren verschoben wurden, die auf dem freien Markt längst nicht mehr erhältlich waren. Graf schaute hin, er lernte gut. Hobokens Ansprüche können zur vollsten Zufriedenheit erfüllt werden.

In durchaus eigennütziger Weise sorgt sich Graf um die Möchtegernkünstler, die Tänzerinnen und deren Verehrer mit der vollen Geldbörse. Als gewiefter Verkäufer weiß er nur zu gut um die Sehnsüchte seiner Kundschaft:

In den »Simplizissimus« kam ich, setzte mich zwischen die diskutierenden Dichter und Künstler und zog auf einmal eine lange Hartwurst aus der einen Brusttasche, aus der anderen Damenstrümpfe, aus der Joppentasche feinste Schokolade.

»Wollen Sie Wurst, Mann? Wurst! ... Das ist das einzig Reelle!« warf ich in die Diskussion: »Und hier bitte, effeff Seidenstrümpfe! Schokolade! ... Was wünschen Sie? ... Alles hab' ich!«

Zwangsläufig gilt es noch anderen, eher lästigen Pflichten nachzukommen. Graf liefert seine hochschwangere Frau in der Klinik ab. Am 13. Juni 1918 bringt sie eine Tochter zur Welt. Erst einen Tag später bequemt sich der junge Vater zu einem Besuch von Mutter und Kind. Anderen gegenüber gibt er sich erfreut. Bei sich im Stillen denkt er hingegen: *Das auch noch! Eine Klette mehr!*

Mit seiner neuen Situation völlig überfordert, entflieht Graf der gemeinsamen Wohnung und bezieht – nur wenige Straßenecken weiter – ein Atelier im Hinterhof der Barer Straße 37. Über zehn

Jahre hinweg wird Graf an diesem Ort bleiben, seine Gedichte, Erzählungen, Romane schreiben und, von lärmempfindlichen Nebenmietern unbehelligt, legendäre Feste feiern.

Das Kind aus der unglücklichen Ehe, Annemarie, genannt Annamirl, wird wegen der Asthmaerkrankung Karolines besseren Händen übergeben. Zunächst übernimmt Hertha Koenig, eine ausgebildete Krankenschwester, die Betreuung. Schließlich kommt das Kind zu Grafs Mutter nach Berg.

Inmitten all seiner Irrungen und Wirrungen entdeckt Graf eine neue Frau. Sie begeistert ihn. Er ist von ihr hingerissen. Als *schwarzes Fräulein* himmelt er die Schöne an. Es handelt sich um die in München studierende Berlinerin Mirjam Sachs (1890–1959).

Bitter setzt Karoline ihrem abtrünnigen Gatten zu. Sie will nicht von ihm lassen. Verbittert sucht sie den anderweitig Verliebten wieder an sich zu binden. Eine Scheidung lässt sie zeitlebens nicht zu. Am Ende bleibt ihre Bitte: *Schau, daß das Kind ein freier Mensch wird.*

Mirjam Sachs begegnete Graf anfangs mit offensiver Abneigung. Der Bäckersohn war einfach nicht ihr Typ. Schließlich kam sie vom sanften Frauenversteher Rilke her. Dennoch ließ sie sich allmählich auf den Grobian mit der seltsam starken lyrischen Ader ein. Selbst in schwierigen Zeiten hielt sie am Partner fest.

Ihre Arbeit ermöglichte ihm die unabhängige Existenz als Schriftsteller, sei es in München, als Erfolge noch auf sich warten ließen, sei es während der recht kargen Jahre im Exil. Sie schaffte im New Yorker Büro der deutsch-jüdischen Zeitung *Aufbau*. Er werkelte derweil als Hausmann und kochte. Schweinsbraten mit Knödel etwa.

Bemalte die Küchenmöbel im alpenländischen Stil. Mirjam war die einzige, deren konstruktive Kritik er ohne Wenn und Aber respektierte.

Oskar exponierte sich. Noch im vorangeschrittenen Alter pflegte er wie selbstverständlich seine zahlreichen Affären, bei denen er ohne größere Umstände zum Konkreten kam: *Hast du Zeit? Gehen wir zu dir oder zu mir auf ein schnelles nettes Aufhupferl!*

Mirjam gab einem zurückgezogenen Leben den Vorzug, fern von Partygetümmel und lautstarken Debatten am Stammtisch. Dass sie den eigensinnigen Partner über Jahrzehnte hinweg zu ertragen vermochte, grenzt an ein Wunder.

Ludwig Marcuse lieferte innerhalb seiner Autobiografie eine liebevolle Beschreibung des unterschiedlichen Paares: *Über Intellektuelle machte er sich lustig mit breitem Grinsen und allerhand Lauten aus der Eingeborenen-Sprache; listig verbarg er, daß er selber einer war. Nur vor seiner dialektisch-wendigen Jüdin Mirjam, einem bezaubernden Mädchen mit dem faszinierendsten schwarzen Scheitel, staunte er Bauklötzer. Er sperrte, wenn sie redete, Mund und Nase auf; sie konnte mehr Fremdworte per Minute in die Welt setzen, als er bayerische Urlaute in einer ganzen Stunde.*

Vom kleinen Oskar und seinem schwarzen Fräulein zurück zur großen Weltgeschichte: Anfangs 1918 ist die Berliner Arbeiterschaft des nicht enden wollenden Krieges müde. Ab dem 28. Januar beginnen umfangreiche Streiks. Innerhalb weniger Tage weiten sich die Proteste aus, umfassen sämtliche Industriegebiete Deutschlands und Österreich-Ungarns.

Trotz der Unruhen hält sich das Kaiserreich. Schließlich hat sich die Ostfront erledigt. Der Zar ist fort. Mit der neuen russischen Regierung wird in Brest-Litowsk ein separater Frieden geschlossen, der Lenins Regierung die deutschen Bedingungen gnadenlos diktiert. Russland hat sich zu verkleinern. Zu Gunsten neuer Staaten. Die Forderung nach Reparationszahlungen steht im Raum. Derlei werden die Diktierenden bald am eigenen Leib zu spüren bekommen.

Im Westen und in den Alpen bleibt jeder Geländeabschnitt weiter hart umkämpft. Ab dem Frühjahr 1917 stärkt ein Verbündeter aus Übersee die Entente mit frischen Kampftruppen und Kriegsgerät auf neuestem technologischem Stand: Die Amerikaner sind da. Mit ihrem Kommen tritt ein weiterer Gegner auf den Plan, der – ohne Rücksicht auf Nationalitäten, Bündnisse und Dienstgrade zu nehmen – einen jeden heimsucht: Es grassiert die *Spanische Grippe*. Schlagartig packt sie zu. Sie vermag es, einen durch jahrelange Mangelernährung eh schon geschwächten Menschen innerhalb weniger Tage dahinzuraffen. Allein im Deutschen Reich sterben über vierhunderttausend Menschen durch sie.

Auf der ständigen Flucht vor Karoline und sich selbst dockt Graf in Hobokens Villa *Walhalla* an. Dort trifft er auf eine schillernde Gegenwelt zum miserablen Kriegsalltag der Durchschnittsbevölkerung. Als Gäste finden sich Nacht für Nacht ein: *Abgewirtschaftete Studenten, die sich Dichter nannten, einige Kunstmaler, ehemalige Kabarettleute, undefinierbare Witzbolde und schließlich noch einige Herren, die stets neueste Mode am Leibe trugen, gepudert waren und das Einglas ins Auge geklemmt hatten.*

Graf heizt die langen Nächte als Entertainer an: *Tage und Nächte hindurch wurde gezecht und gefressen. So hatte ich mir als Bub immer das lasterhafte Rom vorgestellt, von dem Pfarrer und Lehrer*

erzählten. Ich war selber ein Römer und gefiel mir
sehr gut als solcher.

Dank seiner Verbindungen zum Schwarzhandel
ist er schlecht zu entbehren: Schließlich garantiert
er den Nachschub von Speisen und Getränken in
partytauglicher Friedensqualität. Gleichzeitig
dient er als *Blitzableiter* in der unausgesetzt über-
spannten Atmosphäre.

Wie es seinerzeit in Hobokens Clique zugehen
mochte, schildert mit dokumentarischer Coolness
die Erzählung *Ein dummer Mensch*. Wie deren Held
Adam Högl wird Graf innerhalb der dekadenten
Clique nie etwas anderes als ein dummer August
gewesen sein, auf dem es sich hemmungslos her-
umtrampeln ließ:

Gelegentlich eines wüsten Gelages mit dem Mil-
lionär van Haarskerk und seiner Gesellschaft in ei-
nem abgedämpften Hinterraum des Paradies-Kasi-
nos ließ er sich kaltes Wasser kübelweise über den
Kopf schütten, spielte mit Meisterschaft den völlig
Betrunkenen, trank gesalzenen Sekt ohne eine Mie-
ne zu verziehen, ertrug zur Steigerung des Vergnü-
gens viele, viele Stöße in den hingehaltenen Bauch
und tanzte zuguterletzt patschig und negerhaft wie
ein Eunuch im Hemd herum, daß sich die ganze
Gesellschaft vor Lachen wälzte.

Marietta di Monaco beschenkt Graf mit einer
Ausgabe der Gedichte François Villons. Sie versieht
den Band mit einer bezeichnenden Widmung: *Dem*
Hausdichter und Hausbäcker, Haussäufer, Fresser
und Ketzer ...

Einen der Gäste, den gleichaltrigen Maler Heinrich Maria Davringhausen, den er seit seiner Aus-
steigerzeit im Tessin kennt, kann er partout nicht
leiden. Weder auf menschlicher noch auf ideologi-
scher Ebene können die beiden auf einen gemeinsamen Nenner kommen. Mangels besserer Argu-

mente prügelt man sich. Graf weiß zwischen Urheber und Kunstwerk zu unterscheiden. Im Nachhinein erfährt Davringhausen durchaus Anerkennung: *Hier hat zum ersten Mal einer mit einer Waghalsigkeit, wie sie seinesgleichen sucht, begonnen und Menschen in ihre Welt gestellt. Eine prinzipielle Erkenntnis wurde hier der Kunst erobert. Dieser junge Aachener darf sich zu jenen rechnen, von denen man gemeiniglich sagt, daß sie das Signal für das Weitere geben ...*

Zwischen Beziehungschaos, der erfolgreichen Tätigkeit als Schieber und Nympenburger Nachtschattenexistenz erscheint im Dresdner Verlag von 1917 Oskar Maria Grafs erste eigenständige Publikation. Sie erhält den zeitgemäßen Titel *Die Revolutionäre* und versteht sich als Fragment der noch ausstehenden Dichtung *Aufstieg*.

Das zwölf Seiten umfassende Heft aus der Reihe *Das neuste* (!) *Gedicht* befindet sich in prominenter Umgebung. Weitere Titel stammen von Klabund und Jakob Haringer. Schrimpf steuert einen Holzschnitt bei: Ein Menschenpaar hat den Tod im Gefüge der Großstadt hinter sich gelassen. Seite an Seite schreitet es weiter. Die aufstrahlende Sonne weist den Weg in Richtung Zukunft.

Graf leitet seine Dichtung mit einem Zitat aus dem *Gesang von der freien Straße* Walt Whitmans ein. Dessen *Grashalme* hatten sich bereits vor der Flucht nach München und auch während der Soldatenzeit als treue Begleiter, erhebende Geistesnahrung erwiesen: *Ich und die Meinen überzeugen nicht durch Beweise, Gleichnisse oder Reime. Wir überzeugen durch unsere Gegenwart ......*

Whitmans Worten schließen sich sperrige Verse an, die in durchgängiger Euphorie dem trendigen Expressionismus huldigen. Im Gedicht *Der Marsch* heißt es beispielsweise:

O, wissen, daß mit uns der Größte schreitet . . . . . !
Das ist, da er uns überfiel, wie Wirbelwind,
der Märsche Marsch, der die Gelenke schmeidet,
daß sie fürs Ungeheure ausgeweitet sind.
Die Städte schütten Scharen in das weite Land.
Sie ziehn auf allen Straßen wie ein endenloses
Band
und sind ein Bund, wo Einer sich zum Einen fand.
Die Erde bebt . . . . Die Menschheit lebt
Und fühlt sich schrittvereint und liebt
und gibt sich geistgestählt die Hand . . . . . !

Zu anderer, weit späterer Zeit wird Graf in weiser
Selbsterkenntnis von seinen *ersten, sehr wortrei-*
chen, überladenen Gedichten reden.

Dem Revolutionspoem schließt sich *eine Tra-*
gödie in drei Akten an: *Der Diktator.* Zum Titel verhilft die Recherche in einem Fremdwörterbuch:
Tribun wäre ja auch schön gewesen, aber Diktator
war viel zeitgemäßer und für mein Gefühl auch
mächtiger und aktiver.

Nach Grafs Verständnis ist der Held *eine mit*
damals moderner Allerweltsethik erfüllte Künstler-
natur, ein Mensch also, fast nichts als Idealismus,
der sein Volk zur Freiheit führt und dabei umkommt.
Der erste Akt beinhaltet einen Dialog zwischen
dem Helden und seiner Gattin, in den sich nur zu
deutlich der private Konflikt zwischen Karoline
und Oskar mengt:

Es geht nicht mehr! Ich kann es nicht mehr tragen!
Das Volk hör' ich aus meinen Träumen klagen!
Ich lasse dich zurück, du Glaubenslose,
denn du bist klein! Mein Weg führt nur ins Große!

Glühende Monologe in stramm gereimte Hexame-
ter gepresst, marschierende Menschenmassen,

dazu jede Menge Verwundete und Tote, die Marseillaise als Bühnenmusik. Woerners Begeisterung für die geballte Ladung an theatralischem Pathos hält sich in Grenzen. Grundsätzliche Sympathie hin oder her. Grafs Lyrik findet bei ihm deutlich mehr Gefallen. Der Kritisierte nimmt sich Woerners Einwände zu Herzen und tut in der Folge das einzig Sinnvolle: Er verheizt sein Drama im Ofen.

Besser ist es um das Werk Schrimpfs bestellt. Neben etlichen Holzschnitten vermag er drei beachtliche Gemälde zu vollenden, Öl auf Leinwand und annähernd gleichen Formats, die, obschon nicht als solches ausgewiesen, eine Art Triptychon darstellen. Er bildet die nach der Geburt des gemeinsamen Sohnes Marc verstorbene Gefährtin Maria Uhden ab, des Weiteren sich selbst. Und er malt den Freund: Schmales Gesicht unter breitkrempigem Hut. Große Augen, den Betrachter fixierend. Zusammengepresste Lippen, Anzug, Krawatte. Die rechte Hand schreibt auf ein Blatt Papier. Die Linke krallt sich ein. Im Hintergrund öffnet sich ein Fenster dem Dickicht der Städte. Ein weiteres, kleineres deutet eine Landschaft mit sattem Grün, klarem Wasser, blauem Himmel an.

Herbst 1918. Die Ordnungskräfte üben sich in auffallender Zurückhaltung. Seit halben Ewigkeiten versperrte Gefängnistore öffnen sich auf wundersame Weise. Eine Zensur findet kaum mehr statt. Man kann gegen den Krieg anwettern, ohne sofortige Haftstrafen fürchten zu müssen. Die Forderung nach einer neuen politischen Ordnung steht im Raum.

Erhitzte Köpfe lauschen bei dünnflüssigem Kriegsbier den Parolen der jeweiligen Redner. Im Verlauf einer Veranstaltung des Soziologen Max Weber echauffiert sich ein Subjekt aus dem Publikum über dessen laue Positionen und fordert explizit die werktätigen Frauen auf, sich für Friedensdemonstrationen zu engagieren. Bei dem Subjekt handelt es sich um Erich Mühsam, seit Jahren darin berüchtigt, die spießbürgerliche Ruhe immer wieder aufzustören. Für die aktuelle Situation heißt das in des Revoluzzers eigenen Worten: *Selbstverständlich fand mich die Revolution von der ersten Stunde aktiv auf dem Posten.*

Mühsam begeistert das Publikum. Selbst Rilke springt vom Platz auf, will sich zu Wort melden. Das Rednerpult erreicht er nicht. Zuviel Gedränge für einen lyrischen Feingeist.

Um 1911 war Graf zur Gruppe *Tat* gelangt, hatte sich bei Mühsams Anarchisten als Flugblattverteiler und Verkäufer von Broschüren betätigt. Bei den nächtlichen Debattierrunden lernte er Georg Schrimpf und Franz Jung kennen.

Als *überzeugter Schüler Erich Mühsams* meldet er sich nunmehr zu Wort: *Ich zitterte am ganzen Körper, als ich auf dem hohen, halbüberkuppelten Rednerraum stand und schrie ungeschlacht: »Die Revolution wird kommen! Sie kommt! Ich fordere die Soldaten auf, den Befehl zu verweigern und aus den Kasernen zu gehen!«*

Zwar erfährt Grafs Einwurf durchaus Zuspruch. Gleichzeitig dröhnt ihm die Empörung verstockter Militaristen entgegen: *»Schäbige Deserteure!« bellte und zischte es da und dort. So betitelten uns andern Tags auch die Zeitungsberichte.*

Hoch im Norden meutern die Matrosen. Sie wollen nicht länger auf die hohe See fahren, um ihr kleines Leben in einer letzten, irrwitzigen Schlacht gegen die Royal Navy zu verpulvern. Aber genau das, den Todeskampf, den heroischen Untergang für das Vaterland, hat die Admiralität mit ihnen im Sinn.

Mit Kanonen bestückte Schiffe ändern den befohlenen Kurs. Sie beschließen, wieder heimwärts zu fahren. Die meuternden Matrosen, an die tausend, werden in Militärgefängnisse gepfercht. Auf sie wartet die standrechtliche Erschießung.

Kameraden solidarisieren sich mit den Bedrohten. Auf den Kieler Straßen bekunden sie ihren Unmut. Ein Leutnant Steinhäuser erteilt den Befehl, auf die Demonstranten zu feuern: Neun Tote und neunundzwanzig Verletzte. Einer der Matrosen erschießt daraufhin den Leutnant. Die Revolte lässt sich nicht länger aufhalten.

Der 4. November beginnt mit einer Entwaffnung der Offiziere durch ihre Untergebenen. Die inhaftierten Kameraden werden befreit. Die Hafenarbeiter beginnen einen unbefristeten Streik. Es konstituiert sich ein erster Arbeiter- und Soldatenrat. Gegen Abend befindet sich ganz Kiel in den Händen der Aufständischen.

Binnen weniger Tage – nicht wissend, wie ihr geschieht – hat die Revolution alle Hafenstädte erreicht. Über Berlin wandert sie südwärts. Für den Moment bleibt sie unaufhaltsam und unbedrängt, breitet sich in allen deutschen Regionen aus. Zuletzt langt sie in München an.

Die Diktatur von Ludendorffs und Hindenburgs Gnaden verwandelt sich in eine Räterepublik, die im Wesentlichen nicht gegen die zivile Verwaltung, sondern gegen die Allmacht der Generale gerichtet ist.

7. November 1918: Trotz des schönen, angenehm temperierten Herbstwetters ein unerquicklicher Tag. Zumindest für den Bayernkönig. Er ist zu seinem gewohnten Nachmittagsspaziergang aufgebrochen, der ihn auf dringende Empfehlung seiner Entourage diesmal nicht in die belebte Stadt, sondern durch den weitaus stilleren Englischen Garten führt. Selbst dort folgen ihm böse Blicke und Worte. Undankbares Volk. Dabei hatte er vor wenigen Tagen noch sein Kabinett umgebildet und sogar zwei Männer aus den Reihen der SPD in sein Kabinett berufen. Nun wird der König mit einem Ratschlag bedacht: *Majestät, schaug'n 'S daß hoamkumma, sunst is's g'fehlt aa!* Vor dem Portal seiner Residenz haben sich bereits Subjekte in bedenklicher Anzahl und Lautstärke versammelt. Ludwig bleibt nichts anderes übrig, als über einen Hintereingang in sein Refugium zu gelangen.

Gegen 15 Uhr des gleichen Tages begeben sich Graf und Schrimpf zu einer Kundgebung: *Auf den Straßen war kein Polizist mehr zu sehen. An den Wänden klebten fettgedruckte Erlasse des Kriegsministeriums und der Polizeidirektion, die schärfste Maßnahmen gegen Ausschreitungen androhten. Keck rissen lachende Passanten sie herunter und zerfetzten sie.*

Auf der Theresienwiese finden sich zwei ebenso verwandte wie entzweite Gruppierungen ein: Die bislang kriegsfreundlichen Mehrheitssozialisten unter Erhard Auer neben den unabhängigen, dem Frieden zugeneigten Sozialisten Kurt Eisners. An die fünfzigtausend Personen haben sich versammelt.

Im Gewirr der Redner und ihres Publikums setzen sich einige Forderungen durch: Rücktritt des

Kaisers. Ein sofortiger Waffenstillstand sowie eine grundlegende Demokratisierung der bisherigen Verfassung.

Auers Anhänger formieren sich zu einem Zug in Richtung Friedensengel, der sich nach einer weiteren Rede wieder brav auflöst.

Noch im Oktober war zu den Waffen gerufen worden. Immer noch warten Soldaten auf ihren Marschbefehl. Der bislang nur als *Apostel* an Eisners Seite wahrgenommene, *rührend einfache, fast unbeholfene* Felix Fechenbach greift zur roten Fahne mit dem Ruf: *Soldaten! Auf in die Kasernen! Befreien wir unsere Kameraden! Es lebe die Revolution!*

Die Menge zieht daraufhin zu den Kasernen. Vornweg gehen Eisner, Fechenbach und der aus dem niederbayerischen Pfaffenberg stammende Bauernführer Ludwig Gandorfer. Graf betont die friedfertige, nahezu volksfestartige Atmosphäre der Aktion: *Der Marsch hatte begonnen und war unaufhaltsam. Keine Gegenwehr kam. Alle Schutzleute waren wie verschwunden. Aus den vielen offenen Fenstern der Häuser schauten neugierige Menschen auf uns herunter. Überall gesellten sich neue Trupps zu uns, nun auch schon einige Bewaffnete. Die meisten Menschen lachten und schwatzten, als ging's zu einem Fest. Hin und wieder drehte ich mich um und schaute nach rückwärts. Die ganze Stadt schien zu marschieren.*

Eisner hingegen ist ganz anders zumute: *Er war blaß und schaute todernst drein; nichts redete er. Fast sah es aus, als hätte ihn das jähe Ereignis selber überfallen. Ab und zu starrte er gerade vor sich hin, halb ängstlich und halb verstört.*

Vor der Prozession hatte bereits Erich Mühsam den Kasernen seinen Besuch abgestattet und die Frohbotschaft von der Revolution verkündet.

41

Manch einer der befreiten Soldaten schließt sich den Eisnerleuten an. Andere ziehen es vor, in ein Dasein ohne Rangabzeichen und Drill zu verschwinden. Waffen werden systematisch zerstört. Von kleineren Reibereien mit höheren Dienstgraden einmal abgesehen, bleibt Eisners Aktion weitgehend von Gewalt verschont. Todesopfer sind jedenfalls keine zu verzeichnen.

Der eine oder andere Münchner Bürger hängt sogar aus freien Stücken ein rotes Tuch an das Fenster. Schließlich ist derlei im Haushalt vorrätig. Als Schmuck für die alljährliche Fronleichnamsprozession.

Ansonsten bleibt die Revolution eine Marginalie. Graf erlebt dies, als er mit Schrimpf ein Wirtshaus aufsucht: *Da saßen breit und uninteressiert Gäste mit echt Münchnerischen Gesichtern. Hierher war nichts gedrungen. »Wally, an Schweinshaxn!« rief ein beleibter, rundgesichtiger Mann der Kellnerin zu. Dort aß einer, dort spielten sie Tarock wie immer. Niemand kümmerte sich um uns.*

Nach Besetzung des Landtages wird Kurt Eisner (1867–1919) zum Ministerpräsidenten der *Bayerischen Republik* ausgerufen. In einer ersten Rede bezeichnet er die sich konsolidierenden Arbeiter-, Bauern- und Soldatenräte nicht als feste Einrichtungen, sondern als Provisorium auf dem Weg zu einer Nationalversammlung, *gewählt durch allgemeine, gleiche, direkte und geheime Verhältniswahl.*

Die USPD entschließt sich in der Nacht auf den 9. November zu einer Koalition mit der SPD. Letztere eignet sich gewichtige Ressorts an: die Ministerien für Justiz, Militär, Kultus. Auer bekommt das Innenministerium. Neben dem Ministerpräsidentenamt übernimmt Eisner das Außenministerium. Ansonsten hat sich die USPD mit dem Finanz- und dem Sozialministerium zu begnügen.

Kurt Eisner: Ein Zugereister. Ein Journalist aus Berlin. Einst war er federführend beim *Vorwärts* tätig, um dann ein rotes Provinzblatt in Franken zu betreuen. Eine graue Maus. Unscheinbar. Ein Held wider Willen. Einer, der *Bayern mit jener totalen Liebe umarmt, die wahrscheinlich nur notorische Zugereiste aufbringen.* Einer, der diese Liebe mit seinem Leben bezahlen wird.

Der Zeitzeuge Viktor Klemperer beschreibt ihn als *ein zartes, winziges, gebrechliches, gebeugtes Männchen.* Im Laufe des Krieges kehrt der Mann von der stramm patriotischen Linie seiner Partei ab. Mitglied der SPD mag er nicht länger bleiben. Er schließt sich einer friedensbewegten Abspaltung der alten Partei, den unabhängigen Sozialdemokraten an. Ab 1917 ist er Vorsitzender der bayerischen USPD. Bei der kriegsmüden jungen Generation stoßen seine Worte auf Gehör. Er sucht die Münchner Rüstungsarbeiter für einen Generalstreik zu mobilisieren, der den Frieden erzwingen soll. Bereits nach vier Tagen ist der Ausstand beendet. Eisner wird auf der Stelle aus dem Verkehr gezogen. Seine Haftstrafe dauert bis Mitte Oktober 1918 an.

Als Ministerpräsident und Außenminister müht er sich um ein Friedensabkommen. Er bekennt sich zur deutschen Schuld am Krieg und sucht so, den drohenden Diktatfrieden in letzter Minute zu verhindern. Eisner scheitert an Ebert und Konsorten, die Eisners Politik als *nestbeschmutzend* verunglimpfen. Er scheitert an den Regenten in Washington, die Bayern nicht als eigenständiges Staatsgebilde, sondern weiter als Bestandteil des Deutschen Reichs betrachten.

Die königliche Familie verlässt München. Bei allem Fluchtchaos vergisst Ludwig nicht, die Kiste mit seinen Lieblingszigarren auf die Reise zu nehmen. Die Abfahrt vollzieht sich unter erheblichen Schwierigkeiten. Eines der drei Automobile ist erst in Gang zu bringen. Es fehlen die Gummireifen. Im Tank befindet sich zu wenig Benzin für eine längere Fahrt. Hinzu kommt, dass Ludwigs Chauffeur zu den Eisnerleuten übergelaufen ist. Der Betreiber einer Mietwagenfirma springt für ihn ein. Erst gegen 23 Uhr kann sich die royale Kolonne in Bewegung setzen.

Nebel umhüllt die Reisenden. Eines der Fahrzeuge kommt von der Straße ab. Es bleibt stecken, muss von Rössern wieder in die Spur gebracht werden. Erst am frühen Morgen des 8. November ist Wildenwart im Chiemgau erreicht. Nur eine Zwischenstation. Bald geht es weiter in das sichere, von Revolutionären unbehelligte Salzburger Land, zum Schloss Anif. Am 13. November entbindet Ludwig seine Beamten und Soldaten von ihrem Treueid, ohne dabei auf den eigenen Thronanspruch verzichten zu wollen.

Am 9. November hatte Reichskanzler Max von Baden eigenmächtig Wilhelms Thronverzicht vermeldet und bei dieser Gelegenheit sein eigenes Amt aufgegeben. Nachfolger wird Friedrich Ebert aus der SPD. Dessen Parteigenosse Philipp Scheidemann ruft in einer spontanen Regung die *deutsche Republik* aus.

Zur gleichen Zeit propagiert Karl Liebknecht, vor ein paar Jahren noch Sozialdemokrat und dann Anhänger der gegen den Krieg positionierten Spartakisten, eine *freie sozialistische Republik*.

Erst Wochen später, am 28. November 1918, bequemt sich der Kaiser zur Unterzeichnung seiner Abdankungsurkunde, Grundvoraussetzung für einen Waffenstillstand zwischen den Kriegsparteien. Er verlässt das Land. Sein Abgang geschieht unbehelligt. Im niederländischen Doorn bezieht er ein idyllisch gelegenes Schlösschen. Er wird es bis an sein Lebensende (4. Juni 1941) bewohnen. Weder er und schon gar nicht seine Befehlshaber werden sich wegen ihrer fatalen Rolle im Krieg je zu verantworten haben.

Im Stillen zieht die Oberste Heeresleitung weiter ihre Fäden. Für die Zeit nach dem Waffenstillstand hält sie die entscheidende Trumpfkarte in Händen, dank derer sich die Revolutionsseuche für immer eliminieren lässt: Es sind die Kampfverbände an der Front, die in das Deutsche Reich zurückkehren und – den Befehlen ihrer Offiziere folgend – mit Entschiedenheit durchgreifen werden.

Vorerst aber nimmt die von Ministerpräsident Eisner als *Freistaat* definierte *Bayerische Republik* ihren optimistischen Anfang. Sie wird gelegentlich mit Sympathie begrüßt, weit häufiger misstrauisch beäugt oder offen bekämpft. Heinrich Mann engagiert sich im Rat der geistigen Arbeiter. Sein Bruder Thomas verbarrikadiert sich derweil. Als schweigender Beobachter wartet er die weiteren Entwicklungen erst einmal ab. Oswald Spengler leidet, *weil Ekel und Scham über die schmachvollen Ereignisse der letzten Zeit mich so angegriffen haben, daß ich manches Mal dachte, es nicht überstehen zu können.*

Dass die Macht der bayerischen Arbeiter- und Soldatenräte weitgehend begrenzt bleibt, dafür sorgt schon der amtierende Innenminister. Auers Direktiven unterbinden jeden noch so kleinen Eingriff in den Verwaltungsapparat: *Der Vollzug der Gesetze und sonstigen Rechtsvorschriften wird grundsätzlich nach wie vor von den seitherigen Stellen und Behörden wahrgenommen.*

Kein Erfolg ist Graf als Propagandist beschieden. Am 12. Dezember organisiert er eine Veranstaltung unter dem Motto *Gegen den Terror – Um das Menschsein.* Wieder kann er auf Hertha Koenigs finanzielle Unterstützung zählen. Er verfasst ein Flugblatt, lässt es in einer Auflage von zehntausend Stück drucken. Im Mathäser-Bräu nahe dem Hauptbahnhof, dem Hauptquartier der revolutionären Kräfte, findet Grafs Event statt. Ungeübt im Auftreten vor gewaltigen Menschenmengen und deren Neigung zu aggressivem Verhalten, verhaspelt er sich immer wieder. Ferner erregt sein pazifistisches Statement, das sich entschieden gegen eine Revolution nach russischem Vorbild wendet, den kollektiven Unmut der Zuhörerschaft: *Ich bin gegen jeden Terror! Komme er her, wo er herkomme.*

Josef Sontheimer, Mitglied der Münchner Arbeiter- und Soldatenräte und spartakistischer Hardliner, kapert daraufhin die Bühne. Graf muss sich als *harmloser Tolstoianer* verspotten lassen. Die Veranstaltung eskaliert: *Die Diskussionen gingen durcheinander, und als man nach längerer Zeit auseinanderging, schrie es von allen Seiten: »Der Lausbub hetzt halb München daher und sagt nichts! Durchhaun soll man ihn!«* Graf schafft es gerade noch, sich in Sicherheit zu bringen.

Trotz der missglückten Veranstaltung ruft er einen *Bund freier Menschen* ins Leben. Dessen Mitgliedschaft bleibt im überschaubaren Bereich der üblichen Verdächtigen: Er selbst, Mirjam, Schrimpf, Pegu. Der Sponsorin Hertha Koenig wird die Ehrenmitgliedschaft angetragen. Bald ist die halbherzig ins Leben gerufene Gruppierung wieder vom Erdboden verschwunden.

Durch einen Mann, den er seit dem Marsch zu den Kasernen kennt, wird Graf zu einer neuen, wiederum kurzlebigen Idee angeregt. Sie lässt sich unter dem Slogan *Selbstversorgung* zusammenfassen und meint im Klartext: *Organisierung von Wildererbanden, Regelung des Verkaufes der Beute durch kameradschaftliches Zusammenwirken aller Berufe, Aushebung von Unterständen in den Waldgegenden als Unterkunft für die Wilderer, Geheimzeichen unter den »Selbstversorgerverbänden« und endlich Verwertung der Reh- und Hirschhäute.*

Im Rahmen einer exklusiven Lesung will Graf sein poetisches Können präsentieren. Eingeladen sind Rilke und Wolfskehl, dazu Hertha Koenig, Hoboken samt Freundin. Diesmal sabotiert der qualmende Ofen im Atelier des Vortragenden den Kunstgenuss und nötigt die anwesenden Gäste zur Flucht.

Die Landtagswahl vom 12. Januar 1919 gerät für Eisners Partei zum Desaster. Selbst das erstmals angewandte, aktive und passive Wahlrecht für Frauen bringt ihr keinen Nutzen. Nur drei Sitze bei 2,5 Prozentpunkten kann die USPD verbuchen. Mit 35 Prozent erhält die bis ins Knochenmark schwarze Bayerische Volkspartei die meisten Stimmen, knapp gefolgt von den Mehrheitssozialisten mit 33 Prozent. Die Kommunisten und Anarchisten hatten sich einer Teilnahme an der Wahl verweigert.

21. Februar: Gegen 10 Uhr vormittags will Eisner über die geleistete Arbeit Rechenschaft geben und bei dieser Gelegenheit seinen Rücktritt erklären. Den Weg zum Landtag nimmt er trotz der Warnung vor einem Attentat wie gewohnt zu Fuß. Mit seinem Sekretär Fechenbach, der Gattin, dem Schwiegersohn und zwei Leibwächtern ist er unterwegs. In der Promenadestraße (heute: Kardinal-Faulhaber-Straße) wird er von dem bekennenden Monarchisten und Antisemiten Anton Graf von Arco auf Valley erschossen. Arcos Tatmotiv nimmt die Borniertheit kommender Fememörder und

Hakenkreuzler vorweg: *Ich hasse den Bolschewismus, ich bin und denke deutsch, ich hasse die Juden, ich liebe das wahre Bayernvolk, ich bin bis in den Tod treuer Monarchist. Eisner ist Bolschewist, er ist Jude, er ist kein Deutscher, er fühlt nicht deutsch, er untergräbt jedes vaterländische Denken und Fühlen, er ist ein Landesverräter. Das ganze Bayernvolk ruft: Weg mit ihm! Er geht nicht – also ...*

Noch wenige Tage vor seinem jähen Tod hatte Eisner innerhalb eines Vortrags das *Wunder einer deutschen Revolution* in prägnante Worte gefasst: *... mitten im Krieg auf der Höhe des Entsetzens plötzlich ein Rausch neuer Gedanken, einer Freiheit, von der wir nie ahnten, daß sie so rasch über uns kommen könnte, ein Traum von neuem Menschenglück ...*

Graf erfährt vom Attentat, als er in der Stadt Schreibwaren besorgen will. Er hört, wie sämtliche Kirchenglocken zu läuten beginnen, schließt sich den Menschenmassen an, die stumm in Richtung Tatort eilen: *Fast niemand sagte ein lautes Wort. Frauen weinten leis und auch Männer. Etliche Soldaten traten in die Mitte und errichteten eine Gewehrpyramide. Dem einen rannen dicke Tränen über die braunen Backen herunter. »Unser Eisner! Unser einziger Eisner!« klagte eine Frau laut auf, und jetzt wurde das Weinen vernehmbarer. Viele legten Blumen auf den Platz, immer mehr und immer mehr.*

Alois Lindner, gelernter Metzger und Mitglied des Revolutionären Arbeiterrats, hat eine Stinkwut im Bauch. Kein anderer als Auer kommt als Urheber des Mordes an Eisner für ihn in Frage. Er dringt in den Landtag ein. Es gelingt ihm, aus nächster Nähe auf den SPD-Mann zu feuern, der von dem Attentat schwere Verletzungen davonträgt.

Proletarier! HUT ab vor dem Blute Eisners, fordert ein Plakat beim improvisierten Mahnmal am Tatort. Wer sich der Respekterweisung entzieht, dem wird unter Umständen mit Prügeln nachgeholfen. Manche Eisnerverehrer benetzen ihr Taschentuch mit den auf dem Straßenpflaster verbliebenen Blutresten.

Als Eisner am 26. Februar feierlich zu Grabe getragen wird, lässt sich bezeichnenderweise kein einziger Vertreter der Reichsregierung oder der Länder blicken. Ihre Abwesenheit wird durch hunderttausend Münchner aufgewogen, die sich an einem Trauerzug beteiligen, der gegen halb 9 Uhr vormittags auf der Theresienwiese beginnt. Und Graf ist bei der gewaltigen Prozession wieder mit dabei.

Von allen Gauen Bayerns war das Volk zusammengekommen. Voran marschierten die Penzberger und Haushamer Bergleute in ihrer schwarzen Tracht, dann folgten Tausende und Abertausende. Nicht nur die vielen, vielen Abordnungen führten Kränze mit sich, ich sah weinende Arbeiterfrauen und hart dreinschauende Proletarier, die für den Toten eine letzte Blumengabe trugen. Das ganze revolutionsfeindliche München gaffte. Die geeinten Unteren marschierten, die Masse zeigte sich groß und ungeheuer. Seit dem siebenten November hatte ich nie wieder einen solchen Riesenzug gesehen.

Es ist, als würde statt eines Ministerpräsidenten ein König zu Grabe getragen. Mit Parolen beschriftete Schilder und Transparente sind unerwünscht. Im Gegensatz zu Fahnen. Die Trauergäste *werden gebeten, keine Zylinder zu tragen.* Glockengeläut begleitet den Zug aus Zivilisten und Soldaten, Chören, zwanzig Musikkapellen. Selbst eine Abordnung russischer Kriegsgefangener schließt sich der Menge an.

Um 10 Uhr folgt das Begräbnis: *Der Ostfriedhof war so voll, daß nichts zu sehen war als Köpfe und Fahnen. Gustav Landauer hielt die Gedenkrede, aber keiner hörte ihn, viele feierten den Toten. Es war wirklich, als das letzte Hoch auf die Revolution erschallte, als schrie die Erde selber.*

Unter dem Slogan *Der Märtyrer seiner Ueberzeugung* findet eine Vermarktung des populären Mordopfers statt. Sein Porträt wird auf handlichen Postkarten und in Großformaten vervielfältigt. Hinzu kommen Fotografien des Tatorts und von den Trauerfeierlichkeiten: *Lichtdruck-Bilder, Grösse 31 x 41 cm, à Stück 3 Mark, zu haben bei Angerer, Adalbertstr. 41b. Soll in keiner sozialgesinnten Familie fehlen!*

München besteht in diesen Tagen nicht allein aus gramgebeugten Eisnerfans: *Die Schulkameraden unserer Jungen haben bei der Nachricht applaudiert u. getanzt.* Womit keine Rotzbuben aus irgendwelchen finsteren Vorstadtwinkeln gemeint waren, sondern vielmehr die gebildeten Mitschüler von Klaus und Golo Mann.

Mit der Ermordung des Ministerpräsidenten und dem Attentat auf Auer dringen die notdürftig unterdrückten Konflikte zwischen den Regierungsparteien mit aller Macht an die Oberfläche. Das neue Parlament ermächtigt das Kabinett unter dem bisherigen Kulturminister Johannes Hoffmann (SPD) zur Ausübung von Aufgaben, die eigentlich ihm obliegen. Nebenher existieren weiterhin, untereinander rivalisierend und ihrerseits Entscheidungen treffend, die verschiedenen Räte.

Die Einrichtung eines zentralen Rats unter Vorsitz des Augsburger Volksschullehrers Ernst Niekisch vermag die aufeinanderprallenden Kräfte wenigstens zeitweise zu bändigen. Ein von Erich Mühsam eingebrachter Antrag zur Ausrufung der

Räterepublik, wird am 28. Februar mit deutlicher Mehrheit vorerst abgelehnt.

Graf gibt das Chaos, über dem längst der Schatten des Untergangs lastet, in nüchternen Worten wieder: *Die USPler und die Sozialdemokraten in der provisorischen Regierung hatten sich zerstritten, außerdem rivialisierte der »Zentralrat der Arbeiter und Soldaten« mit ihr um die Macht ... Ohne einheitliche Führung, aufgespalten in sich bekämpfende Parteien, kämpften die Arbeiter einen hoffnungslosen Kampf um eine soziale Republik.*

Wenig später stellen Augsburgs Arbeiter- und Soldatenräte die Forderung nach einer Räterepublik erneut in den Raum. Ähnlich äußern sich die Münchner Räte. Diesmal wird dem Wunsch stattgegeben Die Räterepublik nimmt am 7. April ihren Anfang, unter Beteiligung der USPD und des Revolutionären Arbeiterrats. Die Mitglieder des neuen Kabinetts sind nicht länger als Minister, sondern als *Volksbeauftragte* benannt. Mühsam und Landauer formulieren ein Schreiben, das die Bevölkerung über die Neuerungen in Kenntnis setzt:

An das Volk in Baiern! Die Entscheidung ist gefallen. Baiern ist Räterepublik. Das werktätige Volk ist Herr seines Geschickes. Die revolutionäre Arbeiterschaft und Bauernschaft Baierns, darunter auch all unsre Brüder, die Soldaten sind, durch keine Parteigegensätze mehr getrennt, sind sich einig, daß von nun an jegliche Ausbeutung und Unterdrückung ein Ende haben muß.

Der Proklamation folgt mit der Besetzung der Banken eine Aufhebung des Bankgeheimnisses, bei gleichzeitiger Rationierung der Abhebungen. Eine Ausschaltung der funktionierenden Zivilverwaltung findet nicht statt. Vielmehr erfährt sie durchaus Sympathie und wird *zur tatkräftigen Mitarbeit im neuen Baiern* ermuntert.

Die Kommunisten lehnen eine Beteiligung an der Regierung kategorisch ab. Deren Mitglieder sind Eugen Leviné ausnahmslos suspekt: *Diese Gesellschaft will die Räterepublik gründen? Ja, diese Gesellschaft will es, glaubt es zu wollen, oder gibt sich den Anschein zu wollen. Wir fassen uns an den Kopf. Träumen wir? Ist es ein Spuk? Es wäre ja lächerlich, grotesk, komisch, wenn es nicht um so verflucht ernste Dinge ginge.*

Nach dem mit Kontakten zu Lenin ausgestatteten Max Levien hat die blutjunge KPD mit Leviné bereits ihren zweiten Vorsitzenden im roten Bayern vorzuweisen. Leviné, 1883 in Sankt Petersburg geboren, war als Jugendlicher nach Deutschland gekommen. Sein Studium der Nationalökonomie in Heidelberg hatte er mit der Promotion abgeschlossen.

Das bisherige, für abgesetzt erklärte Kabinett weicht in das fränkische Bamberg aus und setzt von dort aus seine Geschäfte fort. Hoffmann unternimmt eine Reise. Mit Gustav Noske will er die weitere Vorgehensweise bezüglich des widerspenstigen Räteregimes besprechen. Den Regierenden in Berlin missfallen die unordentlichen bayerischen Zustände allemal.

Sie empfehlen fürs Erste Boykottmaßnahmen und – bei deren Erfolglosigkeit – den forschen militärischen Zugriff. In Noskes Wahrnehmung stellt die Räterepublik einen *Karneval des Wahnsinns* dar, den es auszumerzen gilt.

Karl Arnold zeichnet für den *Simplicissimus* mit feinem Strich eine wohlgenährte Familie bei der Verrichtung ihres Tischgebets. Unter das idyllische Bild setzt er die Zeile: *Jede ordnungsliebende Familie betet jetzt vor Tisch ihr Pater Noske.*

Ernst Niekisch, bislang treues Mitglied der traditionellen SPD, mag die rätefeindliche Politik der führenden Genossen um Ebert, Noske und Hoffmann nicht länger mittragen. Er verlässt die Partei und wirkt fortan bei der USPD mit. Den Vorsitz im Zentralrat gibt er ab.

Mit hehren, im intellektuellen München teils belächelten Zielen nimmt ein *Aktionsausschuss revolutionärer Künstler* seine Arbeit auf. Dessen erste Verlautbarung widmet sich den Zielen der Kunst in revolutionärer Zeit:

Kunst ist weder Luxus noch Vergnügen. Kunst ist Brot; der unterdrückte, leidende, endlich sich befreiende Mensch ist hungrig nach Wahrheit und Schönheit. Nur was diesen Hunger stillt, ist Kunst. Die Kunst ist allen Menschen zugänglich zu machen. Sie ist rein zu halten von den leeren, überflüssigen, viel zu vielen schlechten und verseuchenden Erzeugnissen der alten Gesellschaft. Das Gute muß durchgesetzt werden.

Nach dieser Maxime setzt sich Gustav Landauer für öffentliche Büchereien und Volkshochschulen ein. Er sucht das Volk für moderne Kunst zu gewinnen, regt zu diesem Zweck Museumsbauten an. Das bislang dem Prinzregenten Luitpold gewidmete Theater wandelt er in ein *erstes wahres Theater des Volkes in Baiern* um.

Landauer ahnt, dass ihm nur eine kurze Frist bemessen ist, innerhalb derer er seine Vorhaben realisieren kann. Einem Bekannten teilt er mit: *Ich bin nun Beauftragter für Volksaufklärung, Unterricht, Wissenschaft, Künste und noch einiges. Läßt man mir ein paar Wochen Zeit, so hoffe, ich, etwas zu leisten; aber leicht möglich, daß es nur ein paar Tage sind, und dann war es ein Traum.*

Derweil sieht sich der zum neuem Zentralratsvorsitzenden bestellte Ernst Toller mit den Mühen der Ebenen konfrontiert. Allzu Menschliches kommt ihm zu Ohren:

In den Vorzimmern des Zentralrats drängen sich
die Menschen, jeder glaubt, die Räterepublik sei ge-
schaffen, um seine privaten Wünsche zu erfüllen.
Eine Frau möchte sofort getraut werden, bisher hat-
te sie Schwierigkeiten, es fehlten notwendige Papie-
re, die Räterpublik soll ihr Lebensglück retten. Ein
Mann will, daß man seinen Hauswirt zwinge, ihm
die Miete zu erlassen. Eine Partei revolutionärer
Bürger hat sich gebildet, sie fordert die Verhaftung
aller persönlichen Feinde, früherer Kegelbrüder und
Vereinskollegen.

Überdies hat sich Toller mit seiner eigenen Regierung abzuplagen. Leider arbeiten innerhalb
derer solche Wirrköpfe wie Franz Lipp, seines Zei-
chens Volksbeauftragter des Äußeren. Seine Vor-
zimmerdamen beglückt er jeden Morgen mit frischen Blumen. Lipps Depeschen aber erzeugen
selbst beim Fußvolk des Telegrafenamts nur
Kopfschütteln. Gegenüber dem Papst bejubelt er
in seltsamen Worten die Erfolge der Revolution,
um sich gleichzeitig beim Adressaten darüber zu
beklagen, dass Hoffmann aus seinem Ministerium
den Abtrittsschlüssel mitgenommen hat. Weil die
neutrale Schweiz der Räterepublik keine Lokomo-
tiven zur Verfügung stellen will, sieht sich Lipp
gezwungen, ihr den Krieg zu erklären. Bevor er
noch Ärgeres anrichten kann, muss der Volksbeauftragte als unzurechnungsfähig aus dem Verkehr gezogen werden.

Graf ist beim revolutionären Geschehen mitunter durchaus aktiv. Er beteiligt sich am erwähn-
ten Aktionsausschuss, bringt Flugblätter unter
das Volk, unternimmt den erfolglosen Versuch,
ein klerikal orientiertes Blatt mit Hilfe des Zen-
surstifts auf den neuen Kurs zu bringen.

Ansonsten bewegt er sich im Dämmerschein
zwischen Trunkenheit und verkatertem Erwa-

chen. Er geht dazu über, die Wirrnisse seiner Zeit durchgängig mit den Feiernden in Hobokens Villa fortzuspülen:

Weitergetrunken wurde, mitunter auch gepokert, Skandal gab es, die Mitgekommenen standen mit peinlichen Gesichtern herum oder verließen flucht-artig die gastliche Stätte. Ich lachte mein schmet-terndes Gelächter über alles hinweg.

Ereignisse, Gegenwart, Zukunft, Politik, Massen, Revolution waren aus meinem Gedächtnis gewischt, nur die Minute galt noch. Wenn ich dösig durch die Stadt fuhr, tauchten alle früheren Dinge wie etwas weit Weggeschobenes, Gewesenes im Hirn auf und wurden Anlässe zu einem Witz oder einer saftigen Zote. Es schien ja auch immer das gleiche zu sein: Wer regierte, wußte man nicht recht, die Parolen der Sozialisten änderten sich täglich, das Leben schob sich gewissermaßen ewig hin und her, Ver-sammlungen, Aufläufe, Schießereien und Putsch-gerüchte trieben einander.

Und ich? Ich war wirklich eine Privatperson und ein Säufer, sonst nichts. Der Sumpf hatte mich ge-schluckt.

Friedrich Ebert konsolidiert seine Macht, ohne den vertraulichen Kontakt zu Wilhelm Groener von der Obersten Heeresleitung außer Acht zu lassen. Dank einer geheimen Telefonleitung lassen sich die zu treffenden Entscheidungen bestens von Mann zu Mann bereden, an ungebetenen Lauschern abhörsicher vorbei. Die Berliner Ereignisse geben einen Vorgeschmack dessen, was den Münchner Revolutionären einige Monate später widerfährt.

Bereits am 15. Januar 1919 werden Rosa Luxemburg und Karl Liebknecht erst in das Hotel Eden verschleppt, verhört und – von Zeugen unbehelligt – unter nächtlichem Himmel hingemetzelt. Schläge mit Gewehrkolben waren dem durch Offiziere begangenen Doppelmord vorausgegangen. Liebknechts Leib wird im Berliner Tiergarten von hinten durchlöchert. Die bewusstlos geschlagene Rosa Luxemburg stirbt durch einen Kopfschuß. Ihren Leichnam entsorgt man in den Fluten des Landwehrkanals.

Im revolutionären Tagesgeschehen hatten beide nie eine entscheidende Rolle inne. Liebknecht war seit dem 23. Oktober, Luxemburg nach dreieinhalbjähriger Haftstrafe erst seit dem 9. November 1918 wieder auf freiem Fuß. Zu wenig Zeit, um auf das politische Tagesgeschehen maßgeblich Einfluss zu nehmen. Für den Hass der nationalen Kreise genügten Liebknechts flammende Reden und Luxemburgs Leitartikel in der *Roten Fahne* allemal. *Tötet Liebknecht*, geiferte es bereits im Dezember 1918 unmissverständlich von Flugblättern und Plakaten herab.

Die Kommunistische Partei Deutschland (KPD), aus dem Spartakusbund hervorgegangen, ist gera-

de mal zwei Wochen jung, als sie ihre prominentesten Gesichter verliert. Noch bis Mitte Dezember hatte Luxemburg die Parteigründung abgelehnt und in der USPD verbleiben wollen. Binnen
weniger Tage änderte sie ihre Meinung. Die Par-
teineugründung wurde zum Jahreswechsel im
Rahmen eines Kongresses beschlossen.

Soldaten beschießen am 11. Januar 1919 das von
Spartakisten besetzte Gebäude des *Vorwärts* mit
Granaten. Den Auftrag erteilt der Sozialdemokrat
Noske, in seiner Funktion als *Oberbefehlshaber
der Regierungstruppen in und um Berlin*. Die Be-
satzer suchen das Gespräch. Es wehen weiße Fahnen. Fünf Spartakisten begeben sich in Richtung
Gegner. Von denen haben sie keinen Respekt zu
erwarten. Statt dessen werden sie mit Hundepeit-
schen und Gewehrhieben misshandelt. Es folgt
die Erschießung vor Ort. Am 12. Januar sind alle
weiteren besetzten Häuser wieder in Regierungs-
hand.

Ein durch die Berliner Arbeiter- und Soldaten-
räte für den 3. März 1919 festgesetzter Generalstreik stößt innerhalb der Stadt auf geringfügige
Resonanz. Das öffentliche Leben bleibt weitgehend
ungestört. Die beschlossene Arbeitsniederlegung
gibt Noske ein schlagendes Argument für den
Zugriff seiner Truppen. Alles, was aufzubieten ist,
kommt zum Einsatz: Artillerie, Infanterie. Selbst
Flugzeuge und von den Briten erbeutete Panzer.
Tausendzweihundert Personen sterben auf den
Straßen, Revolutionäre und unbeteiligte Männer,
Frauen, Kinder. Die Regierungstruppen haben
lediglich fünfundsiebzig Tote zu verzeichnen.

Noske zeigt sich sehr zufrieden. Er preist die
Massaker vollmundig als *Gebot der Staatsräson*.
Mit ihm freut sich Oberst Ernst van den Bergh,
die Spartakisten zerbrochen am Boden liegen zu

sehen: *Ich denke, die Krisis ist überwunden, und es geht wieder bergauf.*

Der aufmerksame Beobachter Harry Graf Kessler schämt sich derweil: *Alle geistig und ethisch anständigen Menschen müssen einer so leichtsinnig und frech mit dem Leben ihrer Mitbürger spielenden Regierung den Rücken kehren. Die letzten acht Tage haben durch ihre Schuld, durch ihr leichtfertiges Lügen und Blutvergießen, einen in Jahrzehnten nicht wieder zu heilenden Riß in das deutsche Volk gebracht.*

Wir sind Gefangene

Am 13. April unternimmt Hoffmann einen ersten Versuch, die Herrschaftsgewalt in München zurückzugewinnen. Truppen der Regierung besetzen an diesem Palmsonntag den Hauptbahnhof und mit dem Wittelsbacher Palais die Schaltzentrale der Räterepublik. Dreizehn Mitglieder des Zentralrats, darunter Mühsam, werden in Haft genommen. Landauer taucht für ein paar Tage bei einem Bekannten unter. Den Arbeitermilizen gelingt es, die Aggressoren fürs Erste noch zurückzudrängen.

Ab da haben die gemäßigten Räteleute vom Schlage Landauers und Tollers das Nachsehen. Erst erfolgt die Auflösung des aktuellen Zentralrats. Es schließt sich die Installation eines neuen an, für dessen Vorsitz Eugen Leviné zur Stelle ist. Landauer und Toller fügen sich zunächst der neuen Situation.

In welche Richtung die ideologische Fahrt Levinés gehen soll, verdeutlicht sein Flugblatt vom 14. April: *Die Sonne der Weltrevolution ist aufgegangen! Es lebe die Weltrevolution! Es lebe die bayerische Räterepublik! Es lebe das Proletariat! Es lebe der Kommunismus!* Am selben Tag wird ein Generalstreik ausgerufen, der bis *bis zum vollen Sieg* andauern soll.

Rudolf Egelhofer, Jahrgang 1896, aus dem Stadtteil Schwabing gebürtig, hatte sich als Matrose bereits am Kieler Aufstand beteiligt. Seit seiner Rückkehr nach München ist er im Soldatenrat aktiv und zudem Mitglied der KPD. Als Münchner Stadtkommandant fordert er alle im Privatbesitz befindlichen Waffen ein. In Hotels, Gaststätten sowie bei vermögenden Personen lässt er Lebensmittel beschlagnahmen.

Die Bamberger Regierung setzt schockierende Geschichten in die Welt, mit denen sie dem gemeinen Volk die hinterhältigen Pläne der Münchner Räterepublik unterbreitet: *Den Bauern wollte sie Haus und Vieh rauben, den Bürgern die Sparpfennige wegnehmen, die Familie zerstören, die Priester ermorden, die Klöster plündern.*

Revolutionäre Künstler, unter ihnen Georg Schrimpf, melden sich zu Wort. In Form von Plakaten und Flugblättern rufen sie die Landbevölkerung auf, der Hetze aus Bamberg zu misstrauen und statt dessen auf das revolutionäre München zu bauen.

Der Aufruf kommt zu spät. Ein Flugblatt vom 16. April, mit den Unterschriften von Ministerpräsident Hoffmann und seinem Militärminister Schneppenhorst versehen, fordert das Verschwinden der *Münchener Schmach*:

In München rast der russische Terror, entfesselt von landfremden Elementen. Der Polemik folgt ein Appell an das patriotische Bayern, sich gegen die Räteregierung zu stemmen: *Diese Schmach Bayerns darf keinen Tag, keine Stunde weiter bestehen. Hiezu müssen alle Bayern helfen, ohne Unterschied der Partei, und zwar sofort .... Ein grüner Buschen am Hute und die weißblaue Binde am Arm sei Euer Erkennungszeichen.*

In Kempten, Rosenheim und Passau werden Sammelpunkte für die erwarteten Freiwilligen eingerichtet. Ihnen stehen die an der Front und im Berliner Straßenkampf gestählten Truppen der Reichsregierung zur Seite. Sie marschieren in die industriell geprägten, somit von Haus aus linkslastigen Städte Bayerns, marschieren auf das rote München zu. Fast vierundzwanzigtausend Mann aus Berlin und Württemberg, dazu zweiundzwanzigtausend Freikorps- und Volkswehrleute beteiligen sich an der Rückeroberung. Ihnen gegenüber steht eine mehr oder weniger improvisierte Rote Armee. Graf spricht von einer *wohl begonnenen, aber sehr lässig durchgeführten Organisierung.* Die wenigsten von den insgesamt zweitausend Leuten verfügen über eine halbwegs solide Bewaffnung und Ausbildung.

Flugzeuge lassen Propagandablätter der Bamberger Regierung über das Land regnen, innerhalb derer die Regierungstruppen als *Hersteller von Ruhe und Ordnung* gepriesen werden. Sie drohen den Verantwortlichen der Räterepublik mit Gericht und Strafe, loben Hoffmann als *radikalen Vorkämpfer der sozialistischen Bewegung.*

Die Arbeiterschaft beginnt zu murren. Die Ressourcen schwinden: *Kohle fehlt, Geld fehlt, die Lebensmittel werden knapp. Bisher lieferten die Bauern täglich 150 000 Liter Milch nach München, jetzt nur noch 17 000 Liter. Ein Edikt der Regierung verbietet das Verarbeiten der Milch zu Butter und Käse und bezeichnet es als konterrevolutionäre Handlung.*

Nicht am Tag des Sieges, wie vollmundig angekündigt, sondern bereits am 22. April endet der Generalstreik, mit einem *Demonstrationstag des Münchener Proletariats.* Dessen umfangreiches Programm beginnt mit einer *Truppenschau sämtlicher bewaffneter Arbeiter und Soldaten* auf der Ludwigstraße, die Egelhofer, nunmehr Oberkommandierender der Roten Armee, mit erhobener Faust abnimmt. Er spricht zur Truppe. *Wer ihn hörte, mußte ihm glauben,* schreibt Graf.

Der Parade schließen sich *elf große öffentliche Versammlungen* in den Bierkellern Münchens an. Von dort schwärmen deren Teilnehmer zu einer *Massen-Versammlung auf der Theresienwiese* mit einigen Ansprachen aus. Wie bei Eisners Veranstaltung am 18. November des Vorjahres formieren sich die Anwesenden zu einem *Demonstrationszug*, der seinen Weg diesmal durch die repräsentativen Straßen der Innenstadt nimmt.

Es wird nicht vergessen, den Teilnehmenden einige organisatorische Hinweise mit auf den Weg zu geben. Der Programmzettel für den *Roten Tag von München* vermerkt: *Rote Fahnen enthüllen. Gebäude rot beflaggen. Die Arbeiter-Sängerschaft verteilt sich gruppenweise auf den Zug.*

Grafs Erinnerungen zeichnen das desillusionierte Porträt einer zum Untergang verurteilten Rebellion, deren Kämpfer weniger aus Begeisterung für eine wie auch immer geartete Ideologie auf die Straße gehen. Vielmehr suchen sie in ihren Aktionen ein Stück weit ihrer menschlichen Würde zu bewahren. Es ist ein Bild, das – allen dekorativ postierten Maschinengewehren zum Trotz – seine Entsprechung in den fotografierten Gesichtern jener Tage findet:

Durch die Straßen zogen unablässig Arbeiterbataillone mit geschultertem Gewehr. Jeder schaute ernst, beinahe traurig drein. Sie zogen dahin, hinter beladenen Lastautos her, durch die zujubelnde Menge, mit einem schwermütigen Schritt. Alte, ausgerackerte, bärtige Arbeiter und junge Burschen mit kühnen Augen waren dabei. Groß begeistert schienen sie nicht. Die jungen Gesichter sagten ungefähr: Wir können uns doch nicht lumpen lassen! Und die alten hatten schweigende Pflichtfalten. Fast wie Anno 1917/18, in den letzten Kriegsjahren, wälzte sich dieses Heer dahin, mit stoischem Mut, hart und bitter und so eben, weil es sein mußte.

Toller, Abschnittskommandeur an der Dachauer Front, sieht sich mit einer Regierung konfrontiert, die wenig tut, ihrer desolaten Roten Armee aufzuhelfen, andererseits aber ständig strategisch verquere Entscheidungen trifft. Toller soll mit seinen Truppen das bedrängte Dachau räumen, um statt dessen das durch den Gegner bereits besetzte Augsburg zurückerobern.

Nach Tollers Meinung wird die reelle Chance vertan, das gesamte südliche Bayern für die Republik der Räte zu gewinnen – ohne einen Tropfen Blut zu vergießen. Er wertet Leviné und seine Genossen als Gefahr für das Volk und konkretisiert seinen Standpunkt, indem er feststellt: *Wir Bayern sind keine Russen.*

Vorwürfe an Levinés Adresse gibt es auch von Landauer: *Ich habe gesehen, wie im Gegensatz zu dem, was Sie »Scheinräterepublik« nennen, Ihre Wirklichkeit aussieht. Ich verstehe unter dem Kampf, der Zustände schaffen will, die jedem Menschen gestatten, an den Gütern der Erde und der Kultur teilzunehmen, etwas anderes als Sie. Der Sozialismus, der sich verwirklicht, macht sofort alle schöpferischen Kräfte lebendig: in Ihrem Werke aber sehe ich, daß Sie auf wirtschaftlichem und geistigem Gebiete, ich beklage, es sehen zu müssen, sich nicht darauf verstehen.*

Im Hotel *Vier Jahreszeiten* residiert die *Thule-Gesellschaft*. Deren Motto lautet: *Gedenke, daß du ein Deutscher bist! Halte dein Blut rein!* Man trifft sich jeden Samstag, grüßt einander mit *Heil und Sieg*, widmet sich altgermanischen Studien, was immer darunter zu verstehen ist.

Wer Mitglied werden will, hat deutsche Vorfahren über drei Generationen hinweg vorzuweisen. Dumm für Arco. Er wäre liebend gern bei Thule dabei gewesen. Seine Aufnahme verhindert ein eklatanter Makel: Er besitzt eine Mutter mit jüdischer Abstammung.

Die Gesellschaft schmückt sich mit dem Hakenkreuz. Sie bespitzelt Anhänger der Räterepublik, hilft ihren Leuten mit gefälschten Pässen und Passierscheinen. Ein eigens eingerichteter Kampfbund legt Waffenlager an. Der Mitgliedschaft gehören einige Herren an, die zu den Aufsteigern der kommenden Jahre zählen werden: Rudolf Heß, Alfred Rosenberg, Hans Frank.

Die *Kommission zur Bekämpfung der Gegenrevolution* nimmt einige Thule-Leute in Geiselhaft. Im Luitpold-Gymnasium, einem Standort radikaler Räterepublikaner, sollen diese hingerichtet werden. Als Vergeltung für die zahlreichen, willkürlich zu Tode gekommenen Rotgardisten. Die Gefangenen sterben am Nachmittag des 30. April. Ob eine Anordnung Egelhofers zur Tat vorlag oder ob sie von den zuständigen Kommandanten spontan vor Ort getroffen wurde, hat in Ermangelung überlieferter Worte oder unterzeichneter Zettel offen zu bleiben. Die Räte distanzieren sich jedenfalls. Öffentlich erklären sie, *daß sie für die bestialischen Handlungen (Erschießung von Geißeln im Gymnasium) in keiner Weise verantwortlich sind. Die Betriebs- und Soldatenräte sprechen einstimmig ihren tiefsten Abscheu über solche unmenschliche Taten aus.*

Egelhofer und seine Genossen aber widmen sich in hemmungsloser Weise dem Exzess. Die roten Orgien sind gewaltig. Im Urteil der Geschichte bleiben sie unverzeihlich. Keine leichten Damen fordern ihren Lohn ein. Eine Konditorei nahe der Residenz stellt *Herrn R. Egelhofer, Stadtkommandant* in Rechnung:

7 Kuchen, per Stück	5.50	M
2 Teekuchen	2.–	M
30 Desserts	–.45	M
10 Kartons	–.30	M
in Summa	59.–	M

In einem Anfall von Wut schlägt Egelhofer vor, sich der Revolutionsgegner in einem Aufwasch zu entledigen. Die auf der Theresienwiese vorgesehene Massenhinrichtung unterbleibt. Der Plan wird vom zuständigen Rat abgelehnt. Dank einer Stimme Mehrheit.

Egelhofers Gegner nannten ihn einen Bluthund, in Wahrheit war er ein sensibler Mensch, den erst das Erlebnis der Kieler Matrosenrevolte hart und mitleidlos gemacht hat, so Toller.

Die ohnehin porösen Verteidigungslinien der Roten Armee sind ohne nennenswerte Probleme durchbrochen. Münchens Versorgung mit Lebensmitteln – dank des ungeschickten Handelns auf Räteseite – wird zur Gänze gekappt.

Angesichts der augenscheinlichen Gefahr sieht sich Egelhofer gezwungen, unter der Parole *Trotzki* zur Gewaltlosigkeit aufzurufen. In ihrer Verlautbarung zum 1. Mai flehen die Betriebs- und Soldatenräte: *Soldaten! Laßt Eure Waffen in den Kasernen! Arbeiter! Laßt Eure Waffen in den Betrieben! Kommt mit den Frauen und Kinder heraus auf alle großen Plätze und Wiesen!*

Bei den Regierungstruppen und den Freikorpsverbänden schinden die mäßigenden Worten keinen Eindruck. Sie folgen ihrem Plan, marschieren gleich einer gnadenlosen, alles niederwälzenden Maschine. Graf erlebt, wie das Monster des leibhaftigen Kriegs in die Stadt vordringt:

Mit nie wieder erlebtem Mut verteidigten sich die Arbeiter. Ganz München lief, ganz München erzitterte. Schrapnells surrten, Kanonen donnerten, Maschinengewehre ratterten, Panzerautos spieen Feuer, Hausecken brachen krachend ein, hilflos und verzweifelt stürzten die Leute auf die Straße, weinten und jammerten, fluchten und schrieen, wirklicher Krieg durchheulte die Luft.

Am Vormittag des 2. Mai haben sich die Regierungstruppen bis in das Stadtzentrum vorgearbeitet. Die vor dem Hauptbahnhof und am Stachus provisorisch errichteten Barrikaden aus Gerümpel, Kisten und Bierfässern stellen für die Fahrzeuge kein nennenswertes Problem dar. Der Mathäser-Bräu wird unter Dauerbeschuss genommen. Als die Feuerwehr den brennenden Dachstuhl zu löschen kommt, hat man die Revolutionäre längst ausgeräuchert, zur Flucht gezwungen oder auf der Stelle liquidiert.

Am gleichen Tag geht es mit Gustav Landauer zu Ende. Er wird in die Justizvollzugsanstalt Stadelheim verbracht, deren Mauern einem jeden das Inferno verkünden. In leuchtend weißen Lettern steht zu lesen: *Hier wird aus Spartakistenblut Blut- und Leberwurst gemacht, hier werden die Roten kostenlos zu Tode befördert.*

Schlagt ihn tot, grölen die Soldaten. Einer von ihnen will ihn sofort erschossen sehen. Landauer erlaubt sich die ungehörige Frage, ob man ihn denn nicht verhören wolle. Als Antwort feuern sie zu dritt auf ihn. Zwei Schüsse treffen den Schädel, ein weiterer die Brust. Eugen Digele, einer der Täter, steckt sich Landauers Uhr ein. Später erhält er lächerliche fünf Wochen Haft – wegen gefährlicher Körperverletzung und Hehlerei.

So endet das Leben eines friedfertigen Weltverbesserers, Schriftstellers sowie Übersetzers der Werke Shakespeares und Oscar Wildes. Nur neunundvierzig Lebensjahre sollten Landauer vergönnt sein.

Misshandlung erfährt auch Egelhofer, bevor er dem Standrecht anheimfällt. Ohne Gerichtsverfahren und im Innenhof der Residenz.

Am 4. Mai verliert Josef Sontheimer, Grafs Widersacher aus dem Mathäser-Bräu, sein Leben.

Scheinbar großzügig wird ihm die Möglichkeit zur Flucht angeboten. Als er in gutem Glauben seine Chance nutzt, erschießen ihn Freikorpsmänner aus dem Thule-Kampfbund. Hinterrücks, versteht sich.

Eine Rückkehr Tollers an die Dachauer Front ist ausgeschlossen. Da gibt es nichts mehr zu verteidigen. Nach der Einnahme Münchens durch die Regierungstruppen wird eine steckbriefliche Fahndung eingeleitet. Seine Ergreifung ist eine Belohnung von 10 000 Mark wert. Der Gesuchte kann sich fünf Wochen lang an ständig wechselnden Orten verstecken, bis er am 4. Juni im Atelier eines Kunstmalers aufgegriffen wird.

Leviné, der in durchaus fragwürdiger Weise die Sowjetisierung Bayerns vorantreiben wollte, gibt vor Gericht ein Statement ab, das ihn gegenüber seinen Anklägern für immer erhebt: *Wir Kommunisten sind alle Tote auf Urlaub. Dessen bin ich mir bewußt. Ich weiß nicht, ob Sie mir meinen Urlaubsschein noch verlängern werden oder ob ich einrücken muß zu Karl Liebknecht und Rosa Luxemburg. Ich sehe jedenfalls Ihrem Spruch mit Gefaßtheit und mit innerer Heiterkeit entgegen. Denn ich weiß, was für einen Spruch Sie fällen werden.*

Die Urlaubsverlängerung unterbleibt, wie nicht anders zu erwarten. Am 4. Juni 1919 erfolgt die Hinrichtung.

Einundzwanzig harmlos versammelte Männer werden in einen Keller geschafft und dort niedergemäht. Was interessiert deren Mitgliedschaft beim katholischen Gesellenverein Sankt Joseph? Schließlich ist diesen durchtriebenen Spartakisten selbst ein plötzlicher Anfall von Frömmelei zuzutrauen. Wegen der Morde regt sich Unmut im katholischen Bayern. Es kommt zum Prozess. Allein dem Haupttäter wird eine Haftstrafe von vierzehn Jahren zuteil. 1927 kommt er dank einer Amnestie Hindenburgs vorzeitig wieder frei.

Und da gibt es noch etliche russische Kriegsgefangene in Gräfelfing, denen Eisner die Freiheit zugesichert hatte, eben jene, die dann am Trauermarsch für den Ministerpräsidenten teilgenommen hatten. Immer noch warten sie auf ihren Transport in die Heimat.

Die deutsche Sprache verstehen und sprechen sie nicht. Von den Bauern, deren Hilfe sie suchen, werden sie vertrieben. Der Hunger zehrt an ihnen. Also holen sie sich ihre Nahrung als Wilderer.

Ein erster Täter wird auf frischer Tat ertappt und auf der Stelle getötet. Die restlichen Kameraden, zweiundfünfzig an der Zahl, werden tags darauf aufgestöbert und den Rotgardisten zugerechnet. Ein ordentliches Gerichtsverfahren unterbleibt. Die Russen werden in einer Kiesgrube erschossen. Der Ortspfarrer hat die Hingerichteten ohne Verzug zu bestatten. Dass sie dennoch nicht dem Vergessen anheim gefallen sind, ist diesem Pfarrer und der Münchner Bäckerinnung zu verdanken – in deren Besitz sich die Kiesgrube befand.

Die armen Russen erhielten eine Gedenkstätte. Sie wurde unter Hitler zerstört und nach 1945 wiedererrichtet. Und Graf verfasste ein die Toten würdigendes Essay: *Das Russengrab von Gräfelfing.*

Was die Roten innerhalb der königlichen Residenz respektvoll unterlassen hatten, das holen die neuen Herren ausgiebig nach. Ein Hund darf sein Geschäft zu Füßen des Königsthrons verrichten. Und Residenzverwalter Jakob Wimmer ergibt sich der hilflosen Resignation: *Sie stahlen, was ihnen gerade in die Hände kam, und wir konnten da weiter nichts machen.*

Mühsam verfügt, da im Zuchthaus Ebrach befindlich, über genug Zeit zur Reflexion. Er sorgt sich um seine mit den Revoluzzern offen sympathisierende Frau Zenzl. Zudem liest er eine Notiz, die sich zum Glück nicht bewahrheitet: *Nach den Meldungen im gestrigen Blatt ist Toller wirklich bei den Kämpfen – angeblich in Dachau – gefallen. Dieser gütige jugendliche Draufgänger. Er tut mir herzlich leid, wenn auch sein Tod nichts Erbitterndes hat. Wie der Kriegsfreiwillige wissen mußte, daß er sein Leben einsetzt, so mußte das auch jeder Revolutionsteilnehmer wissen.*

Mühsam unternimmt den Versuch, die aktuellen Schrecknisse in ebenso traurige wie sarkastische Worte zu fassen: *Man blickt im Geiste um sich: lauter Tote, lauter Ermordete – es ist grauenhaft. Nie ist in Rußland derartig gewütet worden. Mit den Münchner Schandtaten hat Noske sogar seine Berliner Blutorgien übertroffen. Das ist die Revolution, der ich entgegengejauchzt habe. Nach einem halben Jahr ein Bluttümpel: mir graut.*

Ein Bericht analysiert die *Gewalttaten* der Räterepublik. Die Gewalttaten der Regierungstruppen und ihrer Helfer bleiben hierbei selbstverständlich außen vor. Durch das Dokument irrlichtert ein Geist, der die *Hauptstadt der Bewegung* kommender Jahre vorwegnimmt:

Zwischen den geistigen Urhebern der Aprilrevolution und den Massen, die diese Revolution tragen sollten, insbesondere außerhalb Münchens, fehlte der Wesenskonnex, das Band gemeinsamer völkischer Stammeszugehörigkeit.

Der penibel notierende Berichterstatter ächtet die Revolution und deren prägende Gestalten als *das Werk von Persönlichkeiten, die dem bayrischen Volkscharakter und Volkswesen fremd waren, denen daher auch die Fähigkeit, innere Angelegenheiten des Landes zu beurteilen, abgesprochen werden muß.* Menschen wie Toller und Mühsam werden zu *geistig angekränkelten, psychopathisch veranlagten Führern und Unterführern* herabgewürdigt.

Der Bericht diente nicht etwa als Grundlage für ein Pamphlet rechtsextremer Kreise. Bei dem Bericht handelte es sich vielmehr um eine offizielle Dokumentation der Münchner Polizei.

Es ist besser, sich während dieser lebensgefährlichen Tage nach Möglichkeit in seine vier Wände zurückzuziehen, die Wohnungstür zu verriegeln und so zu tun, als ob man gar nicht vorhanden wäre. Graf tut gut daran, im unverdächtigen Stadtteil Nymphenburg zu weilen. Das Atelier in der Barer Straße wird in seiner Abwesenheit nach verdächtigem Material durchwühlt.

Wie lange mag er noch als freier Mann auf den Münchner Straßen unterwegs sein? Eine berechtigte Frage. Seinen Spezi Schrimpf hat es bereits erwischt. Er sitzt hinter Gittern. Sein Delikt: Er hatte Fritz Drach, einem steckbrieflich gesuchten Spartakisten, mit gefälschten Papieren zur Flucht verholfen.

Wer auch immer in den Verdacht gerät, Sympathisant der Roten zu sein, der hat sein Leben so gut wie verwirkt:

Ein furchtbares Denunzieren setzte ein. Kein Mensch war mehr sicher. Wer einen Feind hatte, konnte ihn mit etlichen Worten dem Tod überliefern. Jetzt waren auf einmal wieder die verkrochenen Bürger da und liefen emsig mit umgehängtem Gewehr und weißblauer Bürgerwehr-Armbinde hinter den Truppen her. Wahrhaft gierig suchten sie mit den Augen herum, deuteten dahin und dorthin, rannten einem Menschen nach, schlugen plärrend auf ihn ein, spuckten, stießen wie wildgeworden und schleppten den Halbtotgeprügelten zu den Soldaten.

Oder es ging schneller: Der Ahnungslose blieb wie erstarrt stehen, die Meute stürmte heran, umringte ihn, ein Schuß krachte und aus war es. Lachend und befriedigt gingen die Leute auseinander.

Anderen ergeht es weitaus besser. Die besseren Herrschaften genießen das schöne Leben: *Ich kam nach vielen Kreuz- und Querläufen zur Ludwigstraße. Da schoß es schon nicht mehr. Das elegante Volk tummelte sich hier und in den Hofgartencafés. Gut gekleidete, beleibte Bürgerwehrler und Lebemänner mit Monokel unterhielten sich geschäftig mit Soldaten und Offizieren, feine Damen spendeten Zigaretten, Zigarren und Schokolade, kokettierten und schäkerten mit den geschnürten Leutnants.*

Auf den städtischen Plätzen spielen die Blaskapellen patriotische Melodien. Die *Internationale* hat ausgedient.

Fern der Bedrängnisse, am Schreibtisch seines wohlgeordneten Arbeitszimmers in der Poschingerstraße 1, residiert Thomas Mann. Seinem Tagebuch vertraut er an: *Die Münchner kommunistische Episode ist vorüber; es wird wenig Lust sein, sie zu erneuern. Eines Gefühls der Befreiung und Erheiterung entschlage auch ich mich nicht. Der Druck war abscheulich. Hoffentlich wird man der gewissenlosen »Massen«-Helden, die auch die verbrecherische Rammeldummheit des Geiselmordes auf dem Gewissen haben, habhaft und hält exemplarisches Gericht.* Hätte sich der Schriftsteller allerdings auf den Ostfriedhof begeben, so wäre ihm sein Sinn für Erheiterung wohl gründlich vergangen.

Graf riskiert den Weg dorthin. Was er zu sehen bekommt, wird er nie mehr vergessen. Er blickt den Erschossenen und Erschlagenen in die zerschundenen Gesichter. In einem Abstellraum liegen sie da. Die Blumengebinde welken vor sich hin. Es riecht nach verwesenden Leichen. Grafs Klage ist gewaltig. Sie ist für immer den Gedenktafeln des Freistaates einzumeißeln:

Auf dem schmutzigen Pflaster lagen die toten Arbeiter. Hingeschmissen, gerade, schief, auf dem Rücken oder auf der Seite. Nur die Füße bildeten eine gerade Linie mit der Wand. Es roch gräßlich nach Blut und Leichen. Man schlurfte auf den rotgefärbten Sägespänen dahin von Mann zu Mann. Um mich herum flüsterten, weinten, klagten und wimmerten die Leute und beugten sich ab und zu nieder auf die Toten, an die man Paketadressen oder kleine Pappendeckel geheftet hatte. Darauf stand der Name oder eine Nummer. Ich konnte kaum mehr atmen, ich wollte davonlaufen, aber es standen viele um mich, hinter und vor mir und schoben mich sacht weiter. Ich starrte sekundenlang an die Wand, dann wieder auf die leblos Daliegenden. Herz, Magen und Darm drehten sich mir. Ich fäustete gewaltsam die Hände und raffte mich zusammen. Ich versuchte zu zählen – bis zwanzig, bis vierzig, weiter, bis siebzig, immer noch weiter, bis neunzig, bis hundert und immer noch weiter. Ich zählte nicht mehr. Es ging nicht mehr.

Graf bekommt allerdings nur die Männerleichen zu sehen. Die ermordeten Frauen waren in aller Heimlichkeit beiseitegeschafft worden. Ihr Anblick sollte den Trauernden nicht zugemutet werden.

Noske hat keinen Sinn für die Toten. Vielmehr gilt sein kaltschnäuziges Lob jenen Kräften, die der Revolution und zahlreichen seiner Parteigenossen den Garaus bereitet hatten. Er lobt Kräfte, die in nicht allzu weiter Ferne unter anderer Flagge, neuem Führer ihre wahre Heimat finden werden: *Für die umsichtige und erfolgreiche Leitung der Operationen in München spreche ich Ihnen*

meine volle Anerkennung aus und den Truppen mei-
nen herzlichsten Dank.

1923 erstellt das Reichsjustizministerium im
Auftrag des Reichstags eine umfassende Dokumentation. Es wird errechnet, dass ein Großteil
der auf Seiten der Regierungstruppen begangenen
Erschießungen und Totschläge in Bayern unrecht-
mäßig geschehen waren. Vom Mord an den Gesellen einmal abgesehen, waren die Taten in der Regel
ungesühnt geblieben. Eine Veröffentlichung der
Dokumentation wird es nie geben.

Mirjam, auf Elternbesuch in Berlin, kündigt
ihre Rückkehr für den 14. Mai an. Graf will sie um
9 Uhr vormittags am Münchner Hauptbahnhof
abholen und vergisst nicht, für sein schwarzes
Fräulein einen Blumenstrauß zu besorgen.

Noch vor Betreten des Bahnsteigs wird Graf den
Revolutionären zugeordnet und auf der Stelle fest-
genommen. Wie so vielen anderen zuvor widerfährt ihm von diesem Zeitpunkt an die Schmach
der Besiegten.

Ein in den Untiefen des Grafnachlasses ruhen-
des Gedichtfragment gibt die damaligen Geschoh-
nisse plastisch wieder:

Noch weiss mein Atem, wie die Luft nach Leichen
roch.
Sie haben uns gejagt, gefoltert und erschossen
und glaubten, uns mit einem Schlage auszurotten.
Wenn ich dies denke, stockt mein Blutlauf heute
noch.

Sie führten uns in Reih'n zu vieren, Haende hoch
und von Soldaten eskortiert durch viele Strassen.
Es galt kein Recht mehr. Von Soldaten eskortiert
ging es durch Strassen, Haende hoch, in Reihn
zu vieren.

Bislang war das gutbürgerliche München den im Stadtbild allgegenwärtigen Revolutionären mit weitgehendem Desinteresse begegnet. Nun lässt es, mit Sommerschirmen und Spazierstöcken bewaffnet, seine aufgestaute Wut an den Besiegten schlagkräftig aus:

Bessere Herren und feine Damen stießen wüste Verwünschungen auf das »rote Gesindel« aus und hieben auf die wehrlosen Gefangenen ein, spuckten ihnen ins Gesicht und versetzten ihnen hinterhältige Fußtritte, ohne daß die Begleitsoldaten sie daran hinderten.

Graf kommt in eine vollgepferchte Zelle. Die Insassen schwanken zwischen Depression und trotzigem Durchhalten. Die hygienischen Zustände sind erbärmlich. Ungeziefer krabbelt durch den Raum. Als angeblich an der Erschießung der Thule-Mitglieder Beteiligte sind außerdem zwei Rotgardisten eingesperrt: *Sie wurden schon nach zwei Tagen an die Wand gestellt. Es knallte oft und oft im Gefängnishof.* Mit dem gemeinsamen Absingen revolutionären Liedguts sucht Graf die niedergedrückte Stimmung in seiner Zelle ein wenig zu heben.

Es dauert eine ganze lange Woche, bis Graf zu einem ersten Verhör aus dem Kellerloch hervorgeholt wird. Mitzuteilen hat er nichts.

Bei allem Unglück wird Graf gewaltiges Glück zuteil. Die erste Verhaftungswelle, geprägt durch blindwütig ausgelebte Brutalität und willkürliche Standgerichte ist weitgehend abgeklungen. Der Inhaftierte kann darum kleine Rechte, in den Augen von uns Nachgeborenen selbstverständlich erscheinend, für sich beanspruchen.

Mirjam besucht ihn im Gefängnis. Sie beauftragt den Rechtsanwalt Ernst Seidenberger, für Graf vorzusprechen. Mit Roman Woerner und Rai-

ner Maria Rilke gewinnt sie Menschen, deren
Aussagen den Anwalt wortkräftig unterstützen.

Das Plädoyer Rilkes ist von ehrlicher Sympathie
erfüllt. Mit jeder Faser seines empfindsamen Her-
zens kämpft er um das gefährdete Leben seines
jungen Kollegen. Nicht von oben herab als singu-
lärer Dichter, sondern ideell, auf gleicher Ebene
befindlich. Ausgerechnet Grafs fehlgeschlagener
Veranstaltung im Mathäser-Bräu erweist er seine
Reverenz:

*Als ich ihn zuletzt sah (es mag im Januar gewe-
sen sein), hatte ich den Eindruck, daß er, aller politischen Betätigung abgeneigt, in seinen künstleri-
schen Arbeiten lebe. Irgendwie tätig in das öffentliche Geschehen einzugreifen, mag ihm damals schon
durchaus ferngelegen haben, wie ja auch sein Name
unter keinem der Aufrufe zu finden ist, die unter
der Räteregierung die Aufmerksamkeit auf sich
gezogen haben. Oskar M. Grafs einziger Versuch,
sich an die Menge zu wenden (in jener Versamm-
lung vom Anfang Dezember 1918) verrät, wie sehr
der Weg rein menschlicher Verständigung seinem
Ideale entsprach; er hat es nicht wieder unternom-
men, diesen Weg öffentlich zu empfehlen, aber ge-
wiß hat er im Kreise seiner Freunde in diesem Sin-
ne gewirkt, und es genügt wohl, ihn einige Male
gesehen zu haben, um zu wissen, daß er sich dafür
opfern könnte, Gewalt zu verhindern, eher als daß
er imstande wäre, eines jener Mittel zu empfehlen,
mit denen der Terror arbeitet.*

Die Anklage gegen Graf wird aufgehoben. Ein
Gerichtsprozess bleibt ihm erspart. Vielmehr wartet mit der Freiheit sein geliebtes schwarzes Fräulein auf ihn. Die Poesie harrt seiner.

Neben seiner Buchhandlung *Die Bücherkiste*
betreibt der Apothekersohn Heinrich F. S. Bachmair mit wechselndem Erfolg einen Verlag, in

dem er unter anderem die Erstlingswerke Johannes R. Bechers veröffentlicht. Beim Militär lernt er Ernst Toller kennen.

Bachmair, der sich bereits vor dem Krieg für die Fortbildung der Arbeiter engagiert hatte, ist mit Leidenschaft bei der Revolution zugange. Er initiiert den *Pasinger Arbeiterrat geistiger Arbeiter* und zensiert Tageszeitungen. Am Nachmittag des 4. April 1919 ruft er auf dem Pasinger Marienplatz die Räterepublik aus.

In den ersten Monaten des 1919er Jahres gibt er Grafs Lyrikband *Amen und Anfang* in Druck, an dem Schrimpf wieder mit einem schmückenden Holzschnitt beteiligt ist: Drei Figuren, zwischen Entmutigung und Aufbruch befindlich, von der Sonne umstrahlt. Die Andeutung von Gebäuden. Im Hintergrund ein Segelschiff auf bewegten Wellen.

Zahlungskräftige Subskribenten ermöglichen den Druck. Sie wurden davon überzeugt, *daß es sich hier um einen ganz Großen handelt, dem der Weg erleichtert werden soll.* Dreihundert nummerierte und signierte Exemplare umfasst die Auflage. Ein exklusives Unterfangen fürwahr.

Der Dichter stellt seinem Buch eine schlichte Widmung voran: *Ich schenke dieses Buch Mirjam.*

Nach diesen Worten begegnet Arbeiterpoesie der Flut expressiven Singens. *Amen und Anfang* zeigt sich als durchwegs urbanes Buch. Vom späteren Provinzschriftsteller und Spezialisten für ländliche Sachen ist hier noch nichts zu spüren. Graf holt die Themen seiner Lyrik aus dem grauen Alltag der kleinen Leute, die in den Hinterhöfen der Städte ihr Dasein fristen: *Verlorensein, Stadt, Fabrikheimgang, Joch* lauten einige Überschriften.

Der auf dem Dorf aufgewachsene und seiner Wurzeln mutwillig beraubte Dichter gelangte in die Stadt. Er fand Zuflucht bei dem einen oder anderen Menschen, in einer Idee, die sein Bewusstsein anregte und erweiterte, insbesondere aber in der Bilderwelt der Poesie.

Bis an sein Lebensende wird sich Graf den in diversen Mappen aufbewahrten Texten seiner frühen Jahre zuwenden. In stillen Stunden überarbeitet er die Verse, versieht sie mit neuen Überschriften, greift hierbei mitunter aktuelle Anlässe auf.

Sein Bleistift kommentiert mit fettem Strich die mit der Schreibmaschine getippten Zeilen: *Gut! Geändert. Gründlich geändert. Übernommen. Fehlerhaft. Dumm.* Noch in den *Altmodischen Gedichten eines Dutzendmenschen*, deren Erscheinen im Frankfurter Nest-Verlag 1962 ohne Nennung des Autors erfolgt – weil der es so will – wird manches von dem enthalten sein, was Graf in jungen Jahren zu sagen hatte.

Bachmair bleibt nur wenig Zeit, um Grafs Lyrik unter das Volk zu bringen. Als Nachfolger Tollers wird er im April 1919 zur Roten Armee an die Dachauer Front beordert. Die Räterepublik endet für ihn mit einer vergleichsweise milden Haftstrafe, die bis 1920 währt.

1920: Die Revolution ist tot. Deren prägende Persönlichkeiten sitzen, sofern sie die Massaker und Standgerichte überlebt haben, hinter dicken Festungsmauern.

Es werden keine Mühen gescheut, den Aufenthalt abwechslungsreich zu gestalten. Man schikaniert die Insassen mit Einzelarrest, steckt sie in die Zwangsjacke, entzieht ihnen die Schlafmatratze, verwehrt ihnen das elektrische Licht, zensiert die Briefe – sofern sie überhaut geschrieben werden dürfen.

Selbst harmlose Schwalben sind im Umfeld des Volksverräters Toller unerwünscht. Wiederholt fallen ihre Nester der Zerstörung anheim. Erst am 15. Juli 1924, nach Verbüßung seiner gesamten Haft, wird Toller, ein mittlerweile international gefragter Dramatiker, in die Freiheit entlassen – bei gleichzeitiger Ausweisung aus Bayern. Die Bahnfahrt bis zur sächsischen Landesgrenze ist behördlicherseits bereits geregelt. Um Demonstrationen für Toller zu vermeiden, fährt sein Zug auf einer Route, die große Städte vermeidet.

Gegenüber dem Eisnermörder zeigt Justitia ihr mildes Gesicht. In den Medien wird Arco als Held verklärt: *Das dunkelste Proletarierhirn durchzuckt die düstere Ahnung: Dieser Graf Arco ist ein Mann vom Scheitel bis zur Zehe, ist etwas anderes als die Lotterbuben, die uns Proletarier während der Revolution führten ... Tapferkeit, Todesverachtung und glühende Vaterlandsliebe sichern eben Bewunderung im germanischen Herzen ...*

Deutschnationale Proteste erwirken eine Aufhebung des Todesurteils. Die danach lebenslange Haftstrafe schrumpft unverzüglich auf fünfzehn Jahre. Arco darf sie in einer Wohnsuite der Haftanstalt Landsberg am Lech verbringen, mit der Erlaubnis für Spaziergänge in der Stadt und Gästeempfang. Am 13. April 1924 ist er wieder ein freier Mann. Das Leben Arcos endigt am 29. Juni 1945. Beim Überholen eines Pferdefuhrwerks kollidiert sein Auto mit einem Fahrzeug der US-Army. Ein dummer Zufall. Den Mord an Eisner hat er zeitlebens nie bereut.

Im Hinterzimmer einer Münchner Gaststätte trifft sich die völkisch gesinnte Deutsche Arbeiter-Partei. Ein zu vernachlässigendes Grüppchen. Stadtweit gibt es mindestens fünfzehn von dieser Sorte. Ein junger Gefreiter namens Adolf Hitler, dem österreichischen Innviertel entstammend, ohne rechte Zukunft, ist als V-Mann der Militärs unterwegs. In Vorkriegszeiten hatte der als Kunststudent abgewiesene junge Mann gefällige Stadtansichten gemalt, lebte vor seinem Umzug nach München in einem Wiener Männerwohnheim. Erhielt wesentliche Impulse durch Wagners Opern, der pompösen Ringstraßenarchitektur und dem in Wien allgegenwärtigen Antisemitismus. Als der Krieg begann, hatte er seinen Dienst nicht bei der österreichischen, sondern bei der bayerischen Armee angetreten.

Der junge Gefreite ist beauftragt, die politische Landschaft im Nachkriegsmünchen zu sondieren. Anton Drexler, Parteivorsitzender der DAP, zeigt sich von dem jungen Mann mit den nicht zu Ende kommen wollenden Tiraden angetan: *Mensch, der hat a Gosch'n, den kunnt ma braucha.*

Das Nebenzimmergrüppchen bekommt einen neuen Namen: Nationalsozialistische Deutsche Arbeiter-Partei (NSDAP). Und Hitler heißt der Vorsitzende ab da.

In einer durch Unruhen und Fememorde ständig gebeutelten Republik will er – dem Beispiel

Mussolinis folgend – gemeinsam mit Ludendorff einen Marsch zur Hauptstadt wagen. Diese Aktion soll den Grundstein für eine *nationale Diktatur* legen. Der Putschversuch nimmt am 8. November 1923 mit Pistolenschüssen seinen Anfang. Ort des theatralischen Auftritts ist der Bürgerbräukeller. Die Aktion endet tags darauf an der Feldherrnhalle. Die Polizei nimmt sich der Hakenkreuzler an und wird schnell mit ihnen fertig. Mit Gustav von Kahr verfügt Bayern ohnehin schon über einen Generalstaatskommisar mit diktatorischen Vollmachten und antisemitischen Anwandlungen.

Wie der Eisnermörder sitzt Hitler eine viel zu kurz bemessene Haftstrafe in Landsberg am Lech ab. Die Verehrerinnen aus München und Bayreuth lassen ihren geliebten Führer nicht im Stich. Auf die Bechsteins, Bruckmanns, Hanfstaengls und Wagners ist Verlass. Sie verköstigen den darbenden Gefangenen mit Delikatessen. Da lässt es sich – unter Assistenz der mit ihm einsitzenden Parteigenossen – wunderbar am ersten Band eines Machwerks mit verheerenden Folgen arbeiten: *Mein Kampf – Eine Abrechnung.*

Als Hitler wieder auf freien Fuß kommt, steht ihm seine Fangemeinde weiter nibelungentreu zur Seite. Sie macht den bisherigen Außenseiter mit bürgerlichen Umgangsformen vertraut, führt ihn in die bessere Gesellschaft ein, knüpft maßgebliche Kontakte zur Schwerindustrie, bereitet ihn für den Weg nach ganz oben vor.

Zwischen 1920 und 1921 arbeitet Graf bei der *Neuen Bühne*. Diese war aus einer sozialistischen Initiative hervorgegangen, die sich um Schauspieler kümmerte, die infolge von Krieg und Revolution arbeitslos geworden waren.

Zwar hat er vom Theaterhandwerk keinen blassen Schimmer. Doch gilt er als zuverlässiger Genosse. Graf sichtet die eintreffende Post. Lehnt im Handumdrehen Brechts *Trommeln in der Nacht* ab, nicht wegen mangelnder Qualität, sondern weil das Stück das feuerpolizeilich genehmigte Maximum an Bühnenschauspielern überschreitet. Arbeiter und Betriebsräte sucht er für die Aktivitäten des Trägervereins zu gewinnen. Vor den Aufführungen führt er in die Bühnenstücke ein.

Nach dem Ende der *Neuen Bühne* nutzt Graf das ihm eigene Talent zur Selbstdarstellung für eine professionelle Organisation seiner Feste im Atelier der Barer Straße. Anfallende Spesen dürfen die Gäste begleichen. Er hingegen sorgt für die zünftige Stimmung und die geeignete Statisterie, damit den Münchenbesuchern ein Hauch echten Schwabinger Künstlerlebens vorgegaukelt werden kann.

Und er sitzt an der Schreibmaschine, hämmert seine Texte auf das Papier. Im Erarbeiten literarischer Werke ist er mindestens so unermüdlich wie als Feiernder. Es entstehen Aufsätze über das künstlerische Wirken von Maria Uhden und Georg Schrimpf. Der Freund liefert im Gegenzug sensible Kreidezeichnungen für Grafs Indianergeschichten, die unter dem Titel *Ua – Pua..!* erscheinen.

Graf entsinnt sich seiner *Frühzeit* vom frühen Tod des Vaters bis zur Entlassung aus dem Irrenhaus. Über Katia Mann, die das Buch aus Wieland Herzfeldes *Rote-Roman-Reihe* bei einem ihrer Schweizer Kuraufenthalte liest, gerät es an den berühmten Gatten, der den jungen Kollegen nicht vergessen wird.

Graf verfasst sozialkritische Erzählungen, deren Schauplatz in der Stadt und im ländlichen Umfeld angesiedelt ist. Ein erster Roman entsteht, der Elemente aus der Historie seiner Familie und der Heimatregion künstlerisch verfremdet, ohne einen Großteil der Handelnden ihrer Kenntlichkeit zu berauben: *Die Chronik von Flechting.*

Mit *Wir sind Gefangene*, im Jahr 1927 vorgelegt, führt Graf die mit der *Frühzeit* begonnenen Erinnerungen fort. Bruno Frank empfiehlt das Buch mit Nachdruck: *Jedes Wort sitzt, einfach, weil es vollkommen aufrichtig ist, es herrscht die nackte, mächtige Tatsache. Jemand sagt hier die ganze Wahrheit über sich selbst aus: wenn er Schlechtigkeiten begangen hat, so sagt er es auch und macht nicht einmal Halt vor dem Peinlichem, dem Blamablen, das jeder »Arrivierte« so gern vergißt.*

Über den autobiografischen Aspekt hinausgehend, dokumentiert Grafs kritische Würdigung der Räterepublik den Traum von einer zumindest ansatzweise besseren Gesellschaft. Mag der Versuch auch gescheitert sein, eine grundlegende Sympathie für die Helden und deren Ziele bleibt.

Der vom kriegsbejahenden Patrioten zum Demokraten gewandelte Thomas Mann verhilft dem Buch zum Erfolg, indem er es mit aufrichtigen Worten lobt. Zu Recht. Es zählt zum Besten und Erschütterndsten, was Graf je zu Papier gebracht hat.

Schrimpf erwirbt sich einen guten Namen als Maler stiller Frauen und harmonisch komponierter Landschaften. Mit dem Erscheinen von *Wir sind Gefangene* dringt seine rote Vergangenheit wieder ans Tageslicht. Zwar wird er im gesamten Buch nur als *Schorsch* vorgestellt, doch mehr als nur ein paar Insider ahnen, wer sich hinter Grafs forsch revolutionärem Wegbegleiter verbirgt.

In den Jahren der späten Weimarer Republik ist der selbsternannte *Provinzschriftsteller* ein weithin angesehener und populärer Autor, der sich auf die Vermarktung seiner Person bestens versteht. Den Großpackungen einer eigens kreierten Graf-

Zigarette wird eine Geschichte aus dem *Bayrischen Lesebücherl* beigegeben. Selbst im honorigen PEN-Club ist *Münchens lautester Dichter* ein gern gesehenes Mitglied.

Bei aller Popularität bleibt der bekennende Lederhosenträger seinen revolutionären Wurzeln stets treu. Er engagiert sich für die vom Tod auf dem elektrischen Stuhl bedrohten Anarchisten Sacco und Vanzetti, ist dabei, wenn es gilt, die *Rote Hilfe* mit Rat und Tat zu unterstützen. Sein Engagement kennt keine Grenzen innerhalb des linken Spektrums. Mit den Vertretern der reinen Lehre sowjetischer Couleur steht er auf Kriegsfuß. Seine solidarische Freundschaft pflegt er mit Sozialdemokraten, Kommunisten und Anarchisten gleichermaßen.

Mit der Ernennung Hitlers zum Reichskanzler am 30. Januar 1933 ändert sich Grafs Dasein von Grund auf.

Ab dem 24. Februar befindet er sich in Wien. Österreichische Genossen hatten eine Lesereise, die ursprünglich für einen späteren Termin vorgesehen war, hellsichtig vorverlegt.

Mirjam riskiert es, noch einige Tage im Land zu bleiben. Am 5. März steht eine erneute Reichstagswahl an. Als deutsche Staatsbürgerin jüdischen Bekenntnisses sieht sie sich verpflichtet, gegen Hitler zu stimmen. Sechs Tage später bringt sie die Eisenbahn zu ihrem Partner nach Wien. Sie wird aus dem Waggon getragen. Ihr bleibt eine lebenslange Klaustrophobie.

Seine Wohnung in der Schwabinger Elisabethstraße hat Graf den Landtagsabgeordneten Fritz Dressel und Sepp Götz überlassen, die sie für ihre konspirative Arbeit nur kurz nutzen können. Nach einer Denunziation aus der Nachbarschaft werden beide nach Dachau verschleppt: *Dressel soll nach Zeitungsmeldungen Selbstmord durch Öffnung der Pulsadern begangen haben. Die Wahrheit ist, daß er bis zur Unkenntlichkeit geschlagen wurde und daß man der Leiche – um Selbstmord vorzutäuschen – die Pulsadern aufschnitt ... Joseph Götz – der »Götz-Sepp« – ein sehr beliebter Münchner KPD-Mann ist erschlagen worden.*

Grafs Wohnung wird einer gründlichen Durchsuchung unterzogen, um wichtiges Arbeitsmaterial beraubt. Ein geplanter Roman über die Bauernkriegszeit bleibt darum ungeschrieben. Bruder Maurus und der Malerfreund Karl Wähmann gelingt es, einige Sachen aus dem Hausrat zu retten. Doch Vieles bleibt für immer verloren, wie Gemälde befreundeter Künstler, sowie eine Sammlung exquisiter Pornografika.

Nach Deutschland wird Graf erst ein Vierteljahrhundert später zurückkehren. Besuchsweise und als Bürger der Vereinigten Staaten von Amerika.

Ein Denkmal, das auf dem Münchner Ostfriedhof die Toten der Revolution ehrte, hatte seit seiner Einweihung am 1. Mai 1922 für Ärger gesorgt. Im Juni 1933 fällt es der Zerstörung durch die neuen Machthaber anheim. Die Urnen Eisners und Landauers werden an die Israelitische Kultusgemeinde überstellt. Gegen Rechnung.

Am Ende dieser Schrift über einige Jahre, die sich dem Bewusstsein Grafs nachhaltig einprägten, sollen vier tragische Schicksale unter zahllosen anderen erzählt sein:

Felix Fechenbach, Eisners engster Mitarbeiter, hatte sich während der Weimarer Republik wieder für die SPD engagiert. Mit Beginn des Hitlerregimes wird ihm zunächst Redeverbot erteilt. Ab März 1933 ist er in sogenannter *Schutzhaft* befindlich. Der *Lippische Staatsanzeiger* vermerkt hierzu

höhnisch: *Der Räte-Jude Fechenbach hat Lippe verlassen. Er ist nach Bayern abgeschoben und hat im
Konzentrationslager Dachau liebevolle Aufnahme
gefunden.*

Fechenbach ist nie in Dachau angekommen.
Auf dem Transport dorthin wurde er gezielt und
aus nächster Nähe erschossen.

Schon vor 1933 hatte Goebbels die Drohung aus-
gesprochen, dass mit Erich Mühsam *kurzer Prozess* gemacht werde, sobald die NSDAP an die
Macht gekommen sei. Der Reichstagsbrand in der
Nacht vom 27. auf den 28. Februar dient als Vor-
wand, um neben vielen Kommunisten auch den
Unbeugsamen in Gewahrsam zu nehmen. Männer
der SA übernehmen dies als Hilfskräfte der regu-
lären Polizei. Um 5 Uhr morgens klingeln sie an
Mühsams Wohnungstür. Ab da beginnt für den
herzkranken Mann ein Kreuzweg, der ihn durch
mehrere Gefängnisse und Konzentrationslager
führt.

Sie zerbrechen seine Brille, peinigen ihn mit
Schlägen in die Nierengegend. Sie zwingen ihn
und drei weitere Leidensgenossen, ihr eigenes
Grab zu schaufeln, legen zum Schein ihre Gewehr-
re auf die Häftlinge an.

Im KZ Oranienburg wechseln die Schergen.
Der von Hitler entmachteten SA folgen Männer
der SS. Es sind Kräfte aus Bayern, die sich bestens
an Mühsams aktive Rolle im München der Räte
erinnern und dem Erzfeind raten, sich binnen
dreier Tage umzubringen. Sie sähen sich ansonsten zur Nachhilfe genötigt. Seinen Kameraden
versichert der Geschundene: *Meinen eigenen Henker mache ich nicht!*

Am Morgen nach dem 10. Juli 1934 hängt Mühsam tot in der Latrine. Zuvor hatten die Mithäft-
linge nach ihm suchen müssen.

Seit 1920 hatte sich Schrimpf einem sachlich geprägten Stil zugewandt. Der eine oder andere Nazibonze findet an den Bildern Gefallen. Wegen seiner Verehrer ist dem Künstler keinerlei Schuld anzulasten. Seit dem 1. Oktober 1933 hat Schrimpf aber einen Lehrauftrag der Staatlichen Hochschule für Kunsterziehung in Berlin inne. Graf zeigt sich darüber verwundert: *Von zu Hause erfuhr ich, daß Schrimpf eine Berufung nach Berlin bekommen haben soll. Fragen kann ich nicht, aber wenn dem wirklich so ist, dann muß Schrimpf sich zu Hitler bekannt haben.*

1937 findet die Ausstellung *Entartete Kunst* statt. Diese will der Volksgemeinschaft *die gemeinsame Wurzel der politischen Anarchie und der kulturellen Anarchie aufzeigen, die Kunstentartung des Kunstbolschewismus im ganzen Sinn des Wortes entlarven.* Eines seiner frühen, expressiv gestalteten Bilder stellt Schrimpf an den Pranger.

Zwar sorgt Rudolf Heß für eine Entfernung des Bildes. Im Lehramt aber ist sein Schützling nicht länger zu halten. Zum Jahresende wird Schrimpf entlassen. Im neuen Deutschland gibt es für einen wie ihn keinen Platz. Bis zu Graf dringt die Nachricht: *Schrimpf, hörten wir, sei in Ungnade gefallen. Weiter aber nichts. Wir wären sehr neugierig, was er tut.*

Von Schrimpf ist freilich nicht mehr viel zu vermelden. Als er am 19. April 1938 erschöpft nach Hause kommt und sich vor dem Mittagessen noch ein wenig ausruhen will, wacht er von seinem Schlaf nicht mehr auf.

Seit Oktober 1938 hat die *German American Writers Association* unter dem Vorsitz Grafs frischen Fahrtwind bekommen. Der Provinzschriftsteller hatte mit Mirjam aus der Tschechoslowakei, in der das Paar zuletzt lebte, fortgehen müssen. Seit sei-

ner Überfahrt in die USA bewohnt er ein Appart-
ment im nördlichen Teil Manhattans. 34 Hillside
Avenue lautet seine bleibende Adresse.

Am 12. Januar 1939 hat die GAWA Ernst Toller
als Gast eingeladen. Er absolviert eine Lesung aus
seinem aktuellen Drama *Pastor Hall*. Graf stellt
ihn dem Publikum vor, würdigt Tollers Engagement für das nach dem Bürgerkrieg hungernde
Spanien.

Toller befindet sich zu diesem Zeitpunkt bereits in einem äußerst labilen Zustand. Seine Frau
hat sich von ihm getrennt. Sein Stern am Litera-
tenhimmel ist im Sinken begriffen. Die Schreiberei fällt ihm zunehmend schwer.

Am 22. Mai 1939, gegen Mittag, wird Toller in
seinem Hotelzimmer tot aufgefunden. Ludwig
Marcuse schreibt: *Als seine Sekretärin nach einer
kurzen Mittags-Pause zurückkam, fand sie ihn im
Badezimmer erhängt. An derselben blauen Kordel
des Hausrocks, von der er ... wenige Tage vorher ge-
sagt hatte, daß man es damit gut machen könne. Es
war nicht der erste Versuch gewesen; diesmal glück-
te es. Er hinterließ keine Zeile.*

Literatur

Nachlass Oskar Maria Graf. Bayerische Staatsbibliothek München, Handschriftensammlung. Ana 440.

Graf-Werkausgabe List. Hrsg.: Wilfried F. Schoeller. Frankfurt am Main: Büchergilde Gutenberg, 1982ff bzw. München u. a.: List-Verlag, 1994. Hier:
1   Wir sind Gefangene. Ein Bekenntnis aus diesem Jahrzehnt. (Gefangene)
5   Das Leben meiner Mutter. (Mutter)
6   Unruhe um einen Friedfertigen. Roman. (Unruhe)
10 Gelächter von außen. Aus meinem Leben 1918–1933. (Gelächter)

Gesammelte Werke in Einzelausgaben. München: Süddeutscher Verlag, 1975ff. Hier:
– Oskar Maria Graf in seinen Briefen. Hrsg. von Gerhard Bauer und Helmut F. Pfanner. 1984. (Briefe)
– Reden und Aufsätze aus dem Exil. Hrsg. von Helmut F. Pfanner. 1989. (Exil)

Oskar Maria Graf in Texten der Erstausgaben. München: Allitera-Verlag. Edition Monacensia. Nachworte von Ulrich Dittmann. Hier:
– Zur freundlichen Erinnerung. Acht Erzählungen. 2009. (Erinnerung)
– Mitmenschen. Text der Erstausgabe von 1950. 2015. (Mitmenschen)

Amen und Anfang. Gedichte. Mit einem Nachwort von Wolfgang Düver. Heidelberg, Bold-Verlag, 1988. (Amen)

»Manchmal kommt es, dass wir Mörder sein müssen ...«. Gesammelte Gedichte. Hrsg., mit einem Anhang und einem Nachwort von Katrin Sorko. Berlin: Matthes & Seitz, 2007. (Gedichte)

Die Revolutionäre. Dichtung. Dresden: Dresdner Verlag von 1917, 1918. (Revolutionäre)

Stiftung Haus der Geschichte der Bundesrepublik Deutschland / Deutsches Historisches Museum: LeMO – Lebendiges Museum online (dhm-lemo) https://www.dhm.de/lemo/

Dittmann, Ulrich / Dollinger, Hans (Hrsg.): Jahrbuch der Oskar-Maria-Graf-Gesellschaft. München u. a.: List-Verlag. Später: München: Allitera-Verlag, 1993ff. (Jahrbuch)

Amery, Carl: Leb wohl, geliebtes Volk der Bayern. München u. a.: List-Verlag, 1996. (Amery)

Appel, Michael: Die letzte Nacht der Monarchie. Wie Revolution und Räterepublik in München Adolf Hitler hervorbrachten. München: dtv, 2018. (Appel)

Bauer, Gerhard: Oskar Maria Graf. Ein rücksichtslos gelebtes Leben. Vom Autor durchgesehene und aktualisierte Ausgabe. München: Deutscher Taschenbuch-Verlag, 1994. (Bauer)

Dietz, Wolfgang / Pfanner, Helmut F. (Hrsg.): Oskar Maria Graf. Beschreibung eines Volksschriftstellers. München: Annedore-Leber-Verlag, 1974.

Dittmann, Ulrich / Fromm, Waldemar: Oskar Maria Graf. Rebellischer Weltbürger, kein bayerischer Nationaldichter. Regensburg: Verlag Friedrich Pustet, 2017.

Eckart, Wolfgang U.: Hunger und Mangel in der Heimat. Deutsches Ärzteblatt, Jahrgang 112, Heft 6, 6. Februar 2015.
https://www.aerzteblatt.de/archiv/167694/Erster-Weltkrieg-1914-1918-Hunger-und-Mangel-in-der-Heimat

Gietinger, Klaus: Der verpasste Frühling des 20. Jahrhunderts. 1. Auflage. Hamburg, Edition Nautilus, 2018. (Gietinger)

Haffner, Sebastian: Die deutsche Revolution 1918/19. Köln: Anaconda, 2008. (Haffner)

Heißerer, Dirk: Wo die Geister wandern. Literarische Spaziergänge durch Schwabing. Erweiterte Neuausgabe. München: Verlag C. H. Beck, 2008. (Heißerer)

Herz, Rudolf / Halfbrodt, Dirk: Revolution und Fotografie. München 1918/19. Berlin: Nishen, 1988. (Herz)

Hirte, Chris: Erich Mühsam – Eine Biografie. Hrsg. von Stefan Kindynos. Freiburg: Ahriman-Verlag, 2009.

Höller, Ralf: Der Anfang, der ein Ende war. Die Revolution in Bayern 1918/19. 1. Auflage. Berlin: Aufbau-Taschenbuch-Verlag, 1999. (Höller)

Höller, Ralf: Das Wintermärchen. Schriftsteller erzählen die bayerische Revolution und die Münchner Räterepublik 1918/1919. 1. Auflage. Berlin: Edition Tiamat, 2017.

Kapfer, Herbert / Reichert, Carl-Ludwig (Hrsg.): Umsturz in München. Schriftsteller erzählen die Räterepublik. 1. Auflage. München: Weismann-Verlag, 1988. (Kapfer)

Kellerhoff, Sven Felix: »Wollen Sie mich nicht verhören?« – »Nein, erschießen«. Hamburg: Welt, 2. April 2019. (Kellerhoff)
https://www.welt.de/geschichte/article191224543/Gustav-Landauer-Wollen-Sie-mich-nicht-verhoeren-Nein-erschiessen.html

Kershaw, Ian: Hitler 1889–1936. Stuttgart: Deutsche Verlagsanstalt, 1998. (Kershaw)

Klemperer, Victor: Man möchte immer weinen und lachen in einem. Revolutionstagebuch 1919. 1. Auflage. Berlin: Aufbau-Taschenbuch, 2016. (Klemperer)

Mann, Thomas: Tagebücher 1918–1921. Hrsg. von Peter de Mendelssohn. Frankfurt am Main: S. Fischer, 1979. (Mann)

Marcuse, Ludwig: Mein zwanzigstes Jahrhundert. Auf dem Weg zu einer Autobiographie. Zürich: Diogenes, 1975. (Marcuse)

Mokrohs, Laura: Dichtung ist Revolution. Kurt Eisner, Gustav Landauer, Erich Mühsam, Ernst Toller. Bilder, Dokumente, Kommentare. Regensburg: Verlag Friedrich Pustet, 2018.

Mühsam, Erich: Tagebücher. Eine Online-Edition
von Chris Hirte und Conrad Piens. Berlin: Verbrecher-Verlag. (Mühsam 1)
www.muehsam-tagebuch.de

Mühsam, Erich: Das seid ihr Hunde wert! Ein Le-
sebuch. Hrsg. von Markus Liske und Manja Prä-
kels. 3. Auflage. Berlin: Verbrecher-Verlag, 2018.
(Mühsam 2)

Münkler, Herfried: Der Große Krieg. Die Welt 1914
bis 1918. 2. Auflage. Berlin: Rowohlt Berlin, 2013.

Nöhbauer, Hans F: Die Chronik Bayerns. Dort-
mund: Chronik-Verlag, 1987. (Nöhbauer)

Pfanner, Helmut F.: Oskar Maria Graf. Eine kritische Bibliographie. Bern u. a.: Francke-Verlag, 1976.
(Pfanner)

Piper, Ernst: Nacht über Europa. Kulturgeschichte
des Ersten Weltkriegs. Berlin: Propyläen, 2013.

Recknagel, Rolf: Ein Bayer in Amerika. Oskar Maria Graf, Leben und Werk. 3., verbesserte Auflage.
Berlin: Verlag der Nation. 1984.

Schoeller, Wilfried F.: Oskar Maria Graf. Odyssee
eines Einzelgängers. Texte, Bilder, Dokumente.
Frankfurt am Main: Büchergilde Gutenberg, 1994.
(Schoeller)

Schütz, Brigitte (Konzeption und Projektleitung):
München – »Hauptstadt der Bewegung«. München:
Münchner Stadtmuseum, 1993. (Schütz)

Schuster, Peter-Klaus (Hrsg.): Nationalsozialismus und »Entartete Kunst«. Die »Kunststadt« München 1937. München: Prestel-Verlag, 1987. (Schuster)

Storch, Wolfgang (Hrsg.): Georg Schrimpf und Maria Uhden. Leben und Werk. Berlin: Charlottenpresse, 1985.

Toller, Ernst: Eine Jugend in Deutschland. Herausgegeben und kommentiert von Wolfgang Frühwald. Stuttgart: Philipp Reclam jun., 2011. (Toller)

Tworek, Elisabeth: Literarisches München zur Zeit von Thomas Mann. Von der Boheme zum Exil. Bilder, Dokumente, Kommentare. Regensburg: Verlag Friedrich Pustet, 2016. (Tworek)

Ullrich, Volker: Die Revolution von 1918/19. München: Verlag C. H. Beck, 2009. (Ullrich 1)

Ullrich, Volker: Hungern bis zum Aufstand. ZEIT Geschichte Nr. 1, 2014. (Ullrich 2)
https://www.zeit.de/zeit-geschichte/2014/01/erster-weltkrieg-novemberrevolution

Viesel, Hansjörg (Hrsg.): Literaten an der Wand. Die Münchner Räterepublik und die Schriftsteller. Texte, Materialien und Dokumente. Frankfurt am Main: Büchergilde Gutenberg, 1980. (Viesel)

Wucher, Petra: »Ich dichtete und lief in der Revolution herum«. Oskar Maria Grafs Münchner Jahre 1911 bis 1933. München: Allitera-Verlag, 2012. (Wucher)

Die Internetquellen wurden zuletzt am 5. Februar 2021 aufgerufen.

Anmerkungen

Noch heute gibt es viele: Haffner, S. 244.
Leben wollte ich: Gefangene, S. 473.

RÜCKBLENDE
Die dankbare Pfarrgemeinde: Widmung auf dem Kriegerdenkmal in Aufkirchen.
Diejenigen, die so sind wie er: Mutter, S. 510.
Blumengeschmückt, von Frauen und Kindern begleitet: Toller, S. 53.
Bald wird das blöde Gesicht: München, 13. Januar 1915. Briefe, S. 23.
Diagnose *Hysterie:* Krankenblatt Oskar Graf, Reserve-Lazarett Haar bei München. Tworek, S. 70.
Gnadenurlaub: An Hanna Romacker, 13. Juli 1916. Briefe, S. 33.
Nach Angabe der Mutter: Tworek, S. 71.
Krachend und pfeifend: Toller, S. 68f.
Daß es zwei Arten Kranke gibt: Toller, S. 108.

DOTSCHNWINTER
Sie ist zwar wasserreicher: Kohlrübe statt Kartoffel. Papier des Württembergischen Landeskartoffel-stelle. dhm-lemo.
Daß ein gesunder Mensch: Nöhbauer, S. 430.
Allgemein wurde von den Frauen geäußert: Ullrich 2.
Wir standen indessen ; Nur der erste Schritt: Mühsam 1, 18. Juni 1916.

VOM OSKAR ZUM OSKAR MARIA
Dienstunfähigkeit: Tworek, S. 71.
Schmutzige, enge, sehr heiße Kellerräume ; Alles glitschte von Sirup und Teig: Gefangene, S. 194.
Die dicken Schweißtropfen: Gefangene, S. 196.
Ich verdiente gut: Mutter, S. 525.
Wegen einer Viertelstunde: Gefangene, S. 245.

Schriftst.: Wucher, S. 40.
Die Ehe war unglücklich: Gefangene, S. 237.
Außer Kunsthonig: Gelächter, S. 29.
Oskar Graf (Kunstmaler): Auch als Oscar Graf dokumentiert.
Viel Erfolg: Gefangene, S. 274.
Worte an den Einen: Ana 440,1,13. Auch: Gedichte, S. 192ff.

BEZIEHUNGSCHAOS UND SCHWARZHANDEL
Am 27.1.1918: Protokoll der Zentralpolizeistelle Bayern vom 8. Februar 1918. Schoeller, S. 94.
In den »Simplizissimus« kam ich: Gefangene, S. 332f.
Das auch noch: Gefangene, S. 339.
Das schwarze Fräulein: Gefangene, S. 341.
Schau, daß das Kind: Bauer, S. 90.
Hast du Zeit? Gelächter, S. 184.
Über Intellektuelle: Marcuse, S. 60.
Abgewirtschaftete Studenten: Ein dummer Mensch. Erinnerung, S. 73f.
Tage und Nächte hindurch: Gefangene, S. 334.
Blitzableiter: Bauer, S. 95.
Gelegentlich eines wüsten Gelages: Ein dummer Mensch, S. 73.
Dem Hausdichter: Viesel, S. 126.
Hier hat zum ersten Mal: Heinrich Maria Davringhausen. Der Cicerone, Halbmonatsschrift für Künstler, Kunstfreunde und Sammler. XVI. Jahrgang 1924, S. 59ff. Hier zitiert nach: Jahrbuch 2006, S. 46.
Ich und die meinen: Revolutionäre, S. 3. Gedichte, S. 19.
Der Marsch: Revolutionäre, S. 12. Gedichte, S. 28.
Meine ersten ... Gedichte: Ein barockes Malerporträt. Mitmenschen, S. 183.
Tribun wäre ja auch schön gewesen ; Eine mit damals moderner Allerweltsethik: Gefangene, S. 325.

Es geht nicht mehr: Gefangene, S. 326.

Selbstverständlich fand mich die Revolution: Viesel, S. 160.

Überzeugter Schüler Erich Mühsams: In memoriam Felix Fechenbach. Exil, S. 66.

Ich zitterte am ganzen Körper ; Schäbige Deserteure! Gefangene, S. 346f.

IM BAYERN DER RÄTE

Majestät, schaug'n 'S daß hoamkumma: Josef Benno Sailer. Kapfer, S. 25.

Auf den Straßen: Mutter, S. 539.

Apostel ; Rührend einfach, fast unbeholfen: In memoriam Felix Fechenbach. Exil, S. 71.

Soldaten! Auf in die Kasernen! Appel, S. 129.

Der Marsch hatte begonnen: Gefangene, S. 354.

Er war ganz blaß: Gefangene, S. 353f.

Da saßen breit: Gefangene, S. 357.

Gewählt durch allgemeine: Appel, S. 144.

Bayern mit jener totalen Liebe: Amery, S. 193.

Ein zartes, winziges: Klemperer, S. 51.

Nestbeschmutzend: Haffner, S. 200.

Deutsche Republik ; Freie sozialistische Republik: dhm-lemo.

Weil Ekel und Scham: Höller, S. 56.

Der Vollzug der Gesetze: Appel, S. 190.

Ich bin gegen jeden Terror ; Harmloser Tolstoianer; Die Diskussionen gingen durcheinander: Gefangene, S. 385.

Selbstversorgung ; Organisierung von Wildererbanden: Gefangene, S. 395.

Ich hasse den Bolschewismus: Höller, S. 149.

Wunder einer deutschen Revolution ; Mitten im Krieg: Viesel, S. 14.

Fast niemand sagte: Gefangene, S. 399.

Proletarier! HUT ab: Amery, S. 179.

Von allen Gauen Bayerns: Gefangene, S. 409f.

Keine Zylinder: Herz, S. 122.
Der Ostfriedhof war so voll: Gefangene, S. 410.
Der Märtyrer seiner Ueberzeugung ; Lichtdruck-Bilder: Herz, S. 116.
Die Schulkameraden unserer Jungen: Mann, S. 155.
21. Februar 1919.
Die USPler: Gelächter, S. 72.
An das Volk in Baiern! ; Zur tatkräftigen Mitarbeit: Viesel, S. 76.
Diese Gesellschaft: Eugen Leviné: Auch eine Räterepublik. Viesel, S. 417.
Karneval des Wahnsinns: Ullrich 1, S. 98.
Jede ordnungsliebende Familie: Klemperer, Bildteil.
Kunst ist weder Luxus: Höller, S. 201.
Erstes wahres Theater des Volkes: Höller, S. 201.
Ich bin nun Beauftragter: Postkarte an Fritz Mauthner, 7. April 1919. Viesel, S. 264.
In den Vorzimmern: Toller, S. 127.
Den Abtrittsschlüssel mitgenommen hat: Toller, S. 128.
Weitergetrunken wurde: Gefangene, S. 425f.

BLICK NACH BERLIN
Tötet Liebknecht: Gietinger, S. 126.
Oberbefehlshaber: Ullrich 1, S. 71.
Gebot der Staatsräson: Ullrich 1, S. 91f.
Ich denke, die Krisis ist überwunden: Ullrich 1, S. 72.
Alle geistig und ethisch anständigen Menschen: Ullrich 1, S. 92.

WIR SIND GEFANGENE
Die Sonne der Weltrevolution: Ullrich 1, S. 98.
Rudolf Egelhofer: Nach anderer Schreibweise, beispielsweise bei Toller, auch *Eglhofer.*
Bis zum vollen Sieg: Viesel, S. 29.
Den Bauern wollte sie: Toller, S. 154.

*Münchener Schmach ; In München rast ; Diese
Schmach Bayerns:* Herz, S. 138.
Wohl begonnene ... Organisierung: Gefangene, S. 441.
Hersteller von Ruhe ; Radikaler Vorkämpfer: Gefan-
gene, S. 447.
Kohle fehlt, Geld fehlt: Toller, S. 152.
Demonstrationstag ; Truppenschau ... : Flugblatt
zum 22. April 1919: Viesel, S. 39f.
Wer ihn hörte: Gefangene, S. 446.
Durch die Straßen zogen: Gefangene, S. 444f.
Wir sind keine Russen: Viesel, S. 31.
Ich habe gesehen: Toller, S. 152.
Gedenke, daß du ein Deutscher bist: Briefkopf der
Thule-Gesellschaft. Schütz, S. 55.
Heil und Sieg: Schütz, S. 55.
Daß sie für die bestialischen Handlungen: Plakat
vom 1. Mai 1919. Herz, S. 184.
Herrn R. Egelhofer ; 7 Kuchen: Amery, S. 205.
Egelhofers Gegner: Toller, S. 158.
Soldaten! Laßt Eure Waffen: Herz, S. 155.
Mit nie wieder erlebtem Mut: Gefangene, S. 448.
Hier wird aus Spartakistenblut: Toller: S. 177.
Schlagt ihn tot! Kellerhoff.
Wir Kommunisten: Eugen Levine: Schlußrede vor
Gericht. Viesel, S. 450.
Das Russengrab von Gräfelfing: Exil, S. 398ff.
Graf besuchte das Grab bei einem seiner Aufent-
halte in Bayern ab 1958.
Sie stahlen: Amery, S. 206.
Nach den Meldungen ; Man blickt im Geiste um sich:
Mühsam 1, 7. Mai 1919.
*Zwischen den geistigen Urhebern ; Das Werk von
Persönlichkeiten:* Die Münchner Räterepublik und
ihre Gewalttaten. Ein Polizeibericht. Viesel, S. 785.
Geistig angekränkelte ... Führer: Viesel, S. 788.
Ein furchtbares Denunzieren: Gefangene, S. 448.

Ich kam nach vielen Kreuz- und Querläufen: Gefangene, S. 451.
Die Münchner kommunistische Episode: Mann, S. 219. 1. Mai 1919.
Auf dem schmutzigen Pflaster: Gefangene, S. 454.
Für die umsichtige ... Leitung: Toller, S. 203.
Noch weiss mein Atem: Skizzenblatt mit Gedichtfragment ohne Titel. Ana 440,1,11: Gedichte im Exil (1933 bis 1941).
Bessere Herren: Unruhe um einen Friedfertigen, S. 144.
Sie wurden schon nach zwei Tagen: Mutter, S. 547.
Als ich ihn zuletzt sah: Aus Rainer Maria Rilkes Gutachen für Ernst Seidenberger. Schoeller, S. 118f.
Pasinger Arbeiterrat geistiger Arbeiter: Heißerer – Geister, S. 272.
Daß es sich hier: Pfanner, S. 20.
Ich schenke dieses Buch Mirjam: Amen, S. 5.
Gut! Geändert: Ana 440,1,10: Gedichte eines unbekannten jungen Mannes.

AUSBLICK
Das dunkelste Proletarierhirn: Herz, S. 128.
Mensch, der hat a Gosch'n: Kershaw, S. 170.
Jedes Wort sitzt: Frank, Bruno: Oskar Maria Graf – Wir sind Gefangene. Das Tagebuch (Berlin), H. 16, 1927, S. 635.
Münchens lautester Dichter: Graf – er trinkt nur aus der Flasche. Fotografie mit handschriftlichem Vermerk: *Münchner Fasching 1931.* Ana 440,52,A,18.
Dressel soll nach Zeitungsmeldungen ; Joseph Götz: Dachauer Chronik. Exil, S. 35f.
Der Räte-Jude Fechenbach: In memoriam Felix Fechenbach. Exil, S. 76.
Meinen eigenen Henker: Mühsam, Zenzl: Erich Mühsams Leidensweg. In: Mühsam, S. 320.

Von zu Hause erfuhr ich: An Kurt Rosenwald,
21. November 1933. Briefe, S. 77.
Die gemeinsame Wurzel: Führer durch die Ausstellung Entartete Kunst, S. 2. In: Schuster, S. 183ff.
Schrimpf, hörten wir: An Kurt Rosenwald, 5. November 1937. Briefe, S. 117.
Als seine Sekretärin: Marcuse, S. 255.

Hermann Eimüller bei BoD

Oskar Maria Grafs Biotop:
In und um Berg

Überarbeitete
und erweiterte Neuausgabe
2021